走进国际组织
——心路与历程

主　编｜贾文键　李　辉
副主编｜李爱国　赵　源

外语教学与研究出版社
北京

图书在版编目 (CIP) 数据

走进国际组织：心路与历程 / 贾文键，李辉主编. —— 北京：外语教学与研究出版社, 2020.12（2022.8 重印）
ISBN 978-7-5213-0756-6

Ⅰ. ①走… Ⅱ. ①贾… ②李… Ⅲ. ①国际组织 – 工作 – 介绍 Ⅳ. ①D813

中国版本图书馆 CIP 数据核字 (2021) 第 004009 号

出 版 人　王　芳
项目策划　彭冬林
责任编辑　于　辉
责任校对　徐晓丹
装帧设计　水长流文化
出版发行　外语教学与研究出版社
社　　址　北京市西三环北路 19 号（100089）
网　　址　http://www.fltrp.com
印　　刷　北京华联印刷有限公司
开　　本　650×980　1/16
印　　张　15.5
版　　次　2021 年 1 月第 1 版 2022 年 8 月第 3 次印刷
书　　号　ISBN 978-7-5213-0756-6
定　　价　62.00 元

购书咨询：(010) 88819926　电子邮箱：club@fltrp.com
外研书店：https://waiyants.tmall.com
凡印刷、装订质量问题，请联系我社印制部
联系电话：(010) 61207896　电子邮箱：zhijian@fltrp.com
凡侵权、盗版书籍线索，请联系我社法律事务部
举报电话：(010) 88817519　电子邮箱：banquan@fltrp.com
物料号：307560001

谨以此书献给北京外国语大学八十华诞！

前 言

东风浩荡，神龙腾飞，我们步入一个伟大的新时代，构建人类命运共同体成为我们神圣的使命。

新时代、新使命、新担当，呼唤着中华儿女贡献更多的中国智慧、中国方案。世界需要中国力量，中国走近世界舞台的中央。越来越多的中国人叩开国际组织的大门，拥抱五湖四海，发出中国声音，共铸人类福祉。

北京外国语大学是中国最早聚焦国际组织人才培养的高校，在国际组织人才培养领域开启了多个"第一"：

- 2010 年承担了第一个以国际组织人才培养为目标的国家教育体制改革试点项目；
- 2017 年创建了中国高校第一个实体化国际组织学院；
- 2018 年制定了第一个瞄准"一带一路"倡议、将非通用语纳入国际组织人才培养的硕士研究生项目；
- 2020 年将开始与联合国机构合作，将网络课堂与实体课堂相结合，共同培养国际组织人才，对中国高校来说，这又是一个具有创新意义的尝试。

国际组织学院致力于培养具有中国情怀、国际视野的新生代复语型、复合型高端国际化人才。来自外语学科、政治学、经济学、管理学、法学的中外教师组成了学院强大的导师方阵；来自外交外事、外经外贸、对外传播、驻外使馆、联合国系统的实务专家提供了鲜活的国际组织任职经验；遍布世界各地的合作伙伴、校友网络铺就了通往世界名校留学、赴国际组织实习任职的条条路径。

北外国际组织人才培养计划自 2012 年首次招收硕士研究生，迄今已招录八届 227 人，共有五届毕业生 122 人，在国际组织实习 114 人次。毕业后直接在联合国及相关机构正式任职的有 13 人，占毕业生总数的 11%；被外交部、中联部、商务部、新华通讯社等涉外国家部委和机构以及著名跨国公司、企业录用的有 81 人，占毕业生总数的 66%。总体实现了国际组织后备人才培养、推送和储备的目标。

2020 年 4 月 6 日，北外国际组织人才培养启动十周年之际，我们的校友、亚洲基础设施投资银行行长金立群先生专门致函，祝贺母校在国际组织人才培养方面取得突出成果并产生深远影响，将这一探索过程凝练为"春风化雨润青史，春秋十度赋华章"的优美诗句，令国际组织学院师生深受感动和激励。

十年探索，九年育人，学院决定接受同学们的建议，将同学们在国际组织实习与工作的经历和感悟结集出版，以此记录同学们精彩难忘、多彩斑斓的心路历程，启迪后来的学弟学妹们不忘初心，砥砺前行。经过一年的努力，《走进国际组织——心路与历程》摆在了大家的面前。同学们敞开心扉，畅所欲言，讲述自己在国际组织实习或工作的经历、感受，文笔生动，图文并茂，有视野的宽度、站位的高度、青春的热度、思考的深度。中国因有这些年轻人而多一份自豪与底气，世界因有这些年轻人而多一份包容与和平！

北外国际组织人才培养工作一直得到中组部、中联部、外交部、教育部、人社部、国家留学基金委员会等上级部门的关心、指导和支持，得到企业界的慷慨捐助，在此，我代表国际组织学院全体师生表示衷心的感谢！

从魏公村到地球村，从西三环北路到"一带一路"，伴随着"人民需要我们到哪里，我们就到哪里"的北外校歌，国际组织学院将一如既往，与莘莘学子携手走向广阔的世界，拥抱灿烂美好的未来！

谨以此书献给北京外国语大学八十华诞！

贾文键
2020 年 10 月

北京外国语大学国际组织后备人才培养十周年
贺　词

春色满园，桃李芬芳。

北京外国语大学自 2010 年起率先承担国家教育体制改革试点项目"探索国际组织需要的复合型人才培养模式"，十年探索，成果丰硕，培养了一批国际组织亟需，具有中国情怀、国际视野，精通两种以上联合国工作语言，拥有国际政治、国际经济或国际法专业知识结构的复语型、复合型高端国际化人才，积累了国际组织后备人才培养的宝贵经验，形成了基于外语类高校学科优势和特色的国际组织后备人才培养模式，产生了深远和广泛的影响。

春风化雨润青史,春秋十度赋华章。

衷心祝贺北京外国语大学在国际组织后备人才培养领域取得的优秀成绩!祝愿国际组织学院砥砺前行,再续华章,在未来的征程中,立足中国,面向世界,为中华民族伟大复兴,为构建人类命运共同体做出更大的贡献!

亚洲基础设施投资银行行长
2020年4月6日

目 录

2012年
极致细节，见微知著　楼定舫 —————————— 001

2013年
二十国集团青年峰会上的中国声音　巫亚桥 —————— 007

2013年
巴西实习　林雨芊 ———————————————— 013

2013年
单丝不成线，独木不成林　王壮壮　徐婷婷 ——————— 022

2014年
走进世界贸易组织的路　梁方舟 ——————————— 029

2014年
原来人生也可以这样度过　李梦泽 —————————— 047

2014年
念念不忘，必有回响　刘鑫 —————————— 054

2014年
大河东流　谢聪 ————————————————— 060

2015年
约君切勿负初心，知行合一日内瓦　王莹月 ——— 067

2015年
布鲁塞尔的盛夏　郑运刚 ———————————— 077

2016年
在国际组织工作，是经历更是责任　胡嫱 ———— 083

2016年
国际组织需要什么样的你和我？　王卉妍 ———— 089

2017年
回望美丽的天际线　张帅 ———————————— 097

2017年
达则兼济天下　刘锦睿 ————————————— 104

2017年
行动中的全球公民　施易 —————————————— 110

2017年
在世界自然基金会实习，我收获了什么　呼文俐 —— 118

2018年
纽约之约　张静文 ———————————————— 123

2018年
联合国教科文组织经历谈　齐政文 ——————————— 130

2018年
印在心底的"联合国蓝"　孔璐 ——————————— 136

2018年
纯洁冰雪，激情相会　王瑶 ————————————— 154

2018年
我的初心我的路　杨冠宇 —————————————— 161

2018年
可持续发展工作中的自我发展　易桐宇 ————————— 168

2019年
国际组织里的人 刘岳青 ——————————————— 175

2019年
开始的结束 郭依林 ——————————————— 182

2019年
在这里,看见世界 陈雪凝 ——————————————— 188

2019年
全球环境信息研究中心的那些事、那些人 延美格 ——————— 194

2019年
刷新:不断发现自我与未来 阮淑慧 ——————————— 204

2019年
国际组织初探 王梦娜 ——————————————— 210

2019年
实习面试记 赵栩 ——————————————————— 216

2020年
走向一个智能和绿色的世界 郭爽 ——————————— 227

极致细节，见微知著
——国际组织观察心悟

楼定舫

1. 世界自然基金会：追求极致细节的环保小圈子

参加 2012 年夏天北京外国语大学国际组织人才培养项目夏令营选拔时，我正在世界自然基金会北京办事处公司关系部门实习。世界自然基金会是很早进入中国的国际组织，早在 20 世纪 80 年代，这个总部在瑞士、标志是大熊猫的环境和生物保护组织就已进入中国，与中国官方共同探索，以加深民间联系。

我进入世界自然基金会实习是通过校友推荐的。国际组织很注重人与人之间的关系，熟人推荐自然成为一种理想的进入方式。当然，正式员工招聘可能有所不同，流程更长，更看机遇，但有实习的经历肯定会增色不少。

我在世界自然基金会的工作任务是协助资深公司关系经理维护公司关系。作为非政府组织，世界自然基金会的经费大部分来源于大型跨国公司，这些公司与非政府组织合作开展对环境、社会有益的项目，以塑造更好的公司形象。

世界自然基金会每年最盛大的活动就是"地球一小时",我也有幸参与了北京国贸三期的"地球一小时"现场工作。现场邀请了演员李冰冰等人作为演艺人员大使,仪式感很强。线下活动配合线上推送,"地球一小时"成功地把节约资源、保护环境的信号传达到了寻常百姓心中。

实习的后半段,有一天下午召开全体会议,是为了"官宣"新的首席代表到岗。我们很少开这样大型的内部会议,两层楼的员工都聚到一起,还准备了点心、饮料。座位区并没有根据职级划分出领导座位或员工座位,有人坐着,但更多的人站着,体现出相对扁平的员工关系。历任首席代表一般都是外籍同事,但这次新任的则是中国人,这是一个很大的变化。开会时大家似乎更关心薪酬水平等涉及切身利益的问题。

世界自然基金会的实习工作让我印象最深刻的,就是对细节心存敬畏,用数据彰显专业性,赢得客户信任。这里有很多制作精美的小册子,用在与客户的交流中,旨在第一时间以精致的图片和亮眼的数字抓住客户的眼球。同事告诉我:小册子不同板块的配色都有讲究,每个领域的项目配色全球统一,比如"保护长江"这类水资源项目,就是用指定参数的蓝色。通过经理安排的模拟项目,我也试着做了项目设计、文案演示以及模拟口头展示,虽然没有真正与客户接触,但仍能感受到自己要对每一个细节负责,才能让听众信服。

2. 中国证券投资基金业协会:见微知著

从北外国际组织项目班毕业后,我进入中国证券投资基金业协会投教与国际部工作。协会是证监会系统的会管单位,管理的是基金业务。这是一个正在成长中的单位,2016年我入职时,全部员工共120

人,现在已扩展到 250 人的规模。这里的工作特点是:我总是在集中而又爆炸的信息流中处理人、事、物的关系。这就要求我快速地掌握信息、分类处理,并能够从信息流中读出更多内容,见微知著。

有些人对机关单位的工作有着刻板印象,认为要"论资排辈",好像每个人都有属于自己的轮次,这形成了一种潜在的秩序。其实并非如此,我们要多思考,多学习,打牢业务基础,为随时可能到来的机会做好准备。工作中,我经常需要在很短的时间里通晓一件事情,要边查阅资料边请教专家,再与自己既有的知识框架和基本价值观结合起来,辅以足够的数据支撑,这样才能解决问题。在这种情况下,为了适应比以往更为复杂、耦合更加紧密的环境,机关单位的工作和治理方式也在快速转变——听取多种不同意见,让内外部各个层级敢于发言并形成讨论,这样达成的共识才更稳妥。

在投教与国际部工作,或多或少要做一些与国际组织相关的事情,很多涉及国际业务的机关单位里都设置了处理国际组织事务的办公室和岗位。同时,中国证券投资基金业协会是国际投资基金业协会的成员和理事单位,还与世界银行、国际货币基金组织、亚洲金融合作协会等国际组织建立了工作关系。作为国际投资基金业协会成员,中国证券投资基金业协会先后于 2017 年、2018 年派出代表和人员参加有关会议,我曾现场参与业务讨论和决策会议,目睹各个国家和地区的协会代表在会议上各抒己见,推动落实与各自行业相关的议题。大到议题的设置、嘉宾的邀请,小到文件的传递、桌签的摆放,可能都会与国际关系中的大议题产生千丝万缕的联系。

国际投资基金业协会的日常运作主要依靠常设在创始协会的秘书处,除了每年两次的面对面交流,秘书处的同事还定期安排电话会议。考虑到时差,我们通常是晚上 6 点半或 7 点半(根据冬令时和夏令时有所区别)接入,这样的时间安排对全球成员都相对合适。平时如果有需求,各成员协会也会先找到秘书处的同事,然后按流程转给其他部门。流转出来的事情通常都是大事,需要我们在战略上高度重视,因为其他地区遇到的问题,我们往往也会遇到,只是时间不同而已,解决方式都是可以借鉴的。

随着中国经济和政治地位的稳步提升,各种国际组织都期待中国的参与,缺少中国的国际组织不能算是完整的。我们加入国际组织的方式,可以是做"国际公务员",或是参与政府与政府间的正式外交,也可以进入像中国证券投资基金业协会这样的社会组织做民间外交——向世界讲好中国故事,道路是很宽广的。

3. 对国际组织未来的期待：与日俱增的重要性

展望未来，国际组织的发展是具有极大潜力的。黑猩猩、大象、亚马逊雨林和北极冰川究竟能否挺过 21 世纪？这将要视联合国、世界银行等组织的意愿和决策而定。2020 年全球新型冠状病毒肺炎疫情能否得到有效控制？这也离不开世界卫生组织对国家间协作遏制病毒传播源、切断传播路径与共享医学信息的协调。国际组织作为人类社会高度发展的产物，未来将有巨大的发展空间。国际组织人才培养项目的方向与历史发展的方向是一致的。

我们做适配于国际组织的人才培养，初衷是要解决国际组织内中国员工的结构性问题。在华盛顿期间，我与世界银行的中国员工见了面。他们观察到，虽然世界银行的中国员工数量已在过去一段时间显著增长，但仍存在"两头大中间小"的问题：一方面，中国经济实力增强，可以委派副部级官员担任副行长等高级领导职务；另一方面，中国赴美留学生数量不断增加，这使更多中国留学生能够在毕业后进入国际组织担任基层工作。但是中国员工很少进入中层，而要增强中国在国际组织中的影响力，则应系统地思考中国员工职业规划的可持续性。北外通过设置国际组织人才培养专业，培养专门人才，特别是培养一批能够坚定走国际组织道路的人才，对于改变中国员工在国际组织中"两头大中间小"的现状，非常重要。

感谢北外国际组织项目在我们心中埋下的种子。回忆起从夏令营开始的在北外学习的三年里，同学们尽可能地抓住机会体验国际组织工作：有的去坦桑尼亚和埃塞俄比亚进行田野调查，有的在联合国环境署、开发计划署和欧洲议会实习，还有的随环境组织赴云南考察河流生态环境。班上的毕业生就业单位包括联合国教科文组织等国际组织，中国外交部、商务部等国家机关，中国出口信用保险公司、国家开发银行等侧重国际业务的国有企业，中国银行、工商银行等金融机构，新华社等新闻媒体，以及华为、玛氏、可口可乐等跨国公司……这些单位都与国际组织有着千丝万缕的联系。四年前，我进入中国证券投资基金业协会工作的契机是单位需要英文翻译，而几年间参与的100多场会议翻译让我得以将专业知识、语言能力和工作实践不断结合起来。这充分得益于北外国际组织项目班复合型人才的培养理念与做法，使我在英语圈子里懂更多业务，在业务圈子里更会用英语表达，使我能够在机会到来时紧紧抓住。

感谢母校倾全校之力对我们的培养，感谢研究生院和各院系所有老师们的辛勤付出。作为国际组织项目班校友，我也非常欣喜地看到北外成立了国际组织学院，这里独特的培养方式不以传递知识为限，更在于培养学生的中国情怀、世界眼光和青年担当。我希望看到更多志同道合的同学们从国际组织特色教育中走出来，在世界形势快速变化、中国面临复杂挑战的未来，发出中国声音，讲好中国故事。

作者简介
About the Author

楼定舫，北京外国语大学国际组织项目班国际经济与金融方向2016届毕业生，期间取得英国兰卡斯特大学管理学院货币银行与金融专业硕士学位。现就职于中国证券投资基金业协会投教与国际部，负责外事翻译、监管合作与双边对话、国际组织及外资私募产品备案等工作，并入选商务部2020年中欧口译培训项目（春季）。

巫亚桥

二十国集团青年峰会上的中国声音

2013年6月17日至22日，我作为中国代表团五名成员之一，参加了在俄罗斯圣彼得堡召开的二十国集团青年峰会。此次活动共分为两部分：6月18日—19日，106名青年代表参与了对二十国集团联合公报初稿的讨论、修改、投票、定稿与展示等。19日晚，俄罗斯总统普京在听取代表团团长的公报陈述后，对公报内容予以高度赞扬，并表示将于当年9月将公报呈交至

二十国集团首脑峰会供参阅。20日—22日,二十国集团青年代表应邀参加了圣彼得堡国际经济论坛,与来自世界各国的政治家、企业家、经济学者、媒体人共聚一堂,就全球热点问题进行深入的讨论与交流。

二十国集团青年峰会期间,我参与了联合公报"能源效率"与"国际资本流动改革"两大部分的撰写、讨论与投票工作,并作为中国代表团成员就上述两大问题发表了自己的看法。由于参会国众多,在讨论过程中难免出现利益冲突与观点分歧,进而引发辩论甚至争执。在为期两天的会议讨论中,对以下三个问题的讨论我至今记忆犹新。

首先是全球气候变化问题。这一问题在会议一开始就被提出,并引起了各参会国代表的关注。大家一致认为,二十国集团成员应当行动起来,在全球碳减排与应对气候变化问题上做出积极表率,推动人类的可持续发展。但是,在应对气候变化细节方面,不同国家提出了不同主张。英美等发达国家代表认为,发展中国家应当更加积极地参与到碳减排承诺中去;而发展中国家代表普遍坚持"共同但有区别的责任",批评美国始终未加入《京都议定书》,没有尽到作为世界第一大经济体与碳排放国应尽的义务。南非代表则认为国际社会应当建立一个新的制度,以替代名存实亡的《京都议定书》,然而这一主张遭到了大多数代表的反对。就这一问题,我作为中国代表团成员,发表了自己的看法。其一,美国、加拿大、日本、俄罗斯等碳排放大国对《京都议定书》不负责任的态度应当受到国际社会的批评;其二,中国在低碳减排方面的成果是有目共睹的:"十一五"期间,全国单位国内生产总值能耗下降19.1%,预计到2020年可实现单位国内生产总值二氧化碳排放比2005年下降40%—45%的目标;最后,我呼吁二十国集团成员通力合作,发达国家应当给予发展中国家更多资金与技术的支持,发展中国家也应当更加负责任地发展经济。就联合公

报中的措辞问题,我提出将原来的"各国应不放弃《京都议定书》"改为"各国应加强《京都议定书》的法律约束力",这一提议得到了在场所有成员国代表的一致同意,并最终在联合公报中得以体现。

其次是征收碳排放税问题。这一问题属于气候变化框架内比较技术性的问题之一,各国代表基本同意征收碳排放税的主张,但在税率的标准制定上出现了严重的分歧。以欧盟国家为首的发达国家提出应当以各国的经济总量作为税率制定的基准,即经济总量越大的国家,应当负担的碳排放税税率越高。这一主张显然有利于欧盟各成员国而不利于广大新兴经济体。因此我提出了反对意见,认为应当以人均国内生产总值作为衡量标准而非经济总量,因为人均国内生产总值代表了一个国家人民的生活水平与科技发达程度,人民生活水平高且科技发达的国家理应适当多缴纳碳排放税，这是国际转移支付的一种手段，帮助发展中国家更好地发展低碳技术；而发展中国家作为国际社会的弱势群体，人民的生活水平本身已较为低下，如果再被征收较高的碳排放税，则会进一步恶化经济状况，在低碳减排的道路上越走越艰难。对此欧盟国家代表表示反对，认为经济发展水平不是借口，只有转变经济发展模式才能从根本上实现低碳发展。大家就这一问题争执不下，其他金砖国家代表纷纷站在中国的立场上，支持以人均国内生产总值作为衡量标准；而意大利、德国、法国、英国、加拿大、澳大利亚等国代表则希望以经济总量作为衡量标准。最后，美国代表提出，将具体的数值概念模糊化，以"一系列经济与社会指标"作为碳排放税税率的征收基础。在各方的艰难协调下，各国最终同意采取美国代表的模糊化处理方法，结束了长达一个多小时的辩论。作为中国代表，尽管我试图调整条款的措辞以符合中国利益，并努力争取获得更多发展中国家的支持，但无奈一些发达国家的反对呼声十分强烈。最后能够以模糊化的方式处理，是我所能做出的最大努力与所能实现的最好结果。

最后是开放资本账户的问题。各国一致同意应当实现长期资本账户的开放，以及建立一个更加透明的资本市场。但是随后，发达国家代表开始批评中国的资本账户管制政策，认为中国的这一做法不利于经济全球化与国际资本市场稳定。作为回应，我列举了两个例子：1997年亚洲金融危机，东南亚国家完全开放国内资本市场最终酿成大祸；2008年国际金融危机，中国适度的资本管制使得中国经济免受金融危机的负面冲击。这些都表明了完全资本开放的弊端以及适度资本管制的必要性。之后，我进一步指出，如果一国的金融市场与金融体系发展尚不健全，则不适合资本账户的完全开放，否则将会过度地暴露于国际投机资本与金融风险下，对国内经济构成极大威胁。最后，我建议在实现长期资本账户开放的基础上，允许结合各国国情实行暂时、适度的资本账户管制。这一主张得到了各国参会代表的肯定,最终获得大部分国家的投票支持。但遗憾的是,在最后一轮的团长投票中,这一条款并未获得最终通过,理由是"过于概念化,并无具体措施的提出"。在遗憾之余,也能看出本次联合公报对条款质量的要求之高。

以上是我就会议讨论内容本身的总结与思考,就整个活动而言,我还有以下两点建议。

一是加强对复合型、复语型人才的培养。我认为,优秀的语言能力是国际交流与合作的基石,如果能够掌握多门外语,便打开了多扇沟通之门。在第三天的圣彼得堡国际经济论坛上,我用法语向法国外贸部部长妮科尔·布里克女士就城市可持续发展问题提问,吸引了全场注意力;会后法国政府与媒体人士主动与我交换名片,他们对在国际舞台上能够使用多种语言自如表达观点的中国人表现出极大的兴趣,并希望中国青年能够更加积极、坦诚、有力地发出自己的声音。因此,中国"走出去"战略在新时期下应当被赋予更高的要求,中国年轻人应该不断拓宽自己的国际视野,努力学习并掌握多种主要国际语言,深化专业知识储备,努力使自己成为一名复合型、复语型、国际化人才。在这一点上,北京外国语大学"探索国际组织需要的复合型人才培养模式"研究生项目(现国际组织学院)在国内复合型、复语型、国际化人才培养方面开创了先河。

二是更多地组织国际青年交流活动,并积极邀请全球青年领袖来华。此次二十国集团青年峰会中,106名青年共聚圣彼得堡,通过充实的会议与丰富多彩的活动结下了深厚的友谊,共同建立了十分美好的回忆。从现实角度考虑,各国青年代表均是经过多轮选拔,由各国政府派出参会,其中很多代表将有可能成为本国未来的政策制定者或行业精英。为未来的国际领袖搭建一个相互结识的平台,不但会给参会者自身带来极大的益处,更将对会议的主办方产生长期的价值。正如印度代表在临别时对我说的：如果将来我们都能够登上政治舞台，中印两国的合作一定会迈上一个新台阶，因为我们已经结下了深厚的友谊！在二十国集团峰会的闭幕式上，代表们异口同声地向主办方俄罗斯表达了感激之情。如果有一天，其中的某些代表们登上了国际政治的舞台，他们在年轻时对俄罗斯的美好回忆一定会给俄罗斯带来不可估量的价值。

通过这次活动，我不但给自己创造了一笔宝贵的精神财富，还在世界舞台上展现了中国年轻人的风采，在国际谈判中为祖国争取了最大的利益。2015 年毕业后，我加入了全球最大的开发性金融机构——中国国家开发银行，投身祖国建设事业。2017 年，我被派往国家开发银行莫斯科代表处工作，在俄罗斯大地上播撒中国开发性金融的火种，同时也为我国对外经济交往、金融合作和能源安全贡献自己的一份力量。

作者简介
About the Author

巫亚桥，北京外国语大学国际组织项目班国际经济与金融方向 2015 届毕业生，同年取得英国剑桥大学哲学硕士学位。现就职于中国国家开发银行，任莫斯科代表处国际业务经理。中国国家开发银行是直属中国国务院领导的开发性金融机构，是全球最大的开发性金融机构，也是中国最大的中长期信贷银行和债券银行。

巴西实习——心中永远的狂欢节

林雨芊

六年前，通过一纸申请和层层面试，我获得联合国开发计划署的假期实习机会，就这样来到了巴西。

巴西以美景、文明带给我的冲击和感动无法言喻。这个国家如此广袤多样，远不止桑巴、足球、海滩、雨林那样简单。我看得越多就越着迷，越着迷就越难以下笔，只好用笨拙的方式，沿着六年前的足迹，回顾巴西利亚、圣保罗、里约热内卢、萨尔瓦多和伊瓜苏，从中探寻巴西多彩的模样。

1. 巴西利亚星球

巴西利亚是我在巴西实习和生活的地方。这座 20 世纪 50 年代末才建成的新首都位于巴西高原上，整座城市呈飞机形状规整布局，以库比契克总统大道为中轴线，街区编号精确、功能明晰。"路痴"如我都记得如何从"飞机南翼"的公寓走到"飞机头"三权广场附近的办公大楼。这个单纯到近乎无聊的政治中心城市被同事戏称为"巴西利亚星球"。

话虽如此，回忆起巴西利亚仍然是愉悦的。我从第一次独立剪辑视频、采访联合国《人类发展报告》主编、撰写新闻稿，到参与政策研究，都是从这里开始的。我的上司信任我，我也卯起劲儿来做到最好。

中国和巴西同属金砖国家，都是世界瞩目的新兴市场国家，也都面临低收入群体脱贫的挑战。两国国情千差万别，所适用的政策工具各有千秋。我国居民最低生活保障政策为扶贫工作起到关键的兜底保障作用，而巴西的"零饥饿计划""家庭补助金计划"等民生政策也让我看到兼顾贫困、教育、健康保障问题的另一种解决方案。

这一段实习经历让本就对"跨文化交流"感兴趣的我找到"公共政策"这个新的角度，而向着这个方向我进入了北京外国语大学国际组织项目班，随后赴美国哥伦比亚大学国际公共事务学院攻读公共管理硕士，又在丰富多元的研修方向中找到"能源政策"这一细分领域作为着力点。一步一步，连点成线，串成我现在的生活。

2. "南美洲的纽约"：圣保罗

工作之余，每到周末我都迫不及待地"逃离巴西利亚星球"。"逃离计划"近至皮雷诺波利斯小镇，远至圣保罗、里约热内卢，看山谷间的瀑布群、山峰的日落和嵌着南十字星的壮丽夜空。

周末出行的第一站是圣保罗。这座因咖啡贸易而兴起的城市如今已经成长为南美洲的金融中心，保利斯塔大街上频繁起降的直升机就是这种富有和忙碌的直观注脚。但圣保罗绝不是索然无味的水泥森林，在市中心的摩天大厦之间，于车水马龙中坐落着"庭院学校"的遗留建筑，这栋略显突兀的小白楼正是16世纪中叶耶稣会士将宗教中心由沿海转入内陆时的定居点。《联合早报》的记者形容圣保罗是"20世纪70年代的东南亚、80年代的华尔街、90年代的比弗利山庄和21世纪的高档购物区杂乱无章地叠合在一起"。的确，从颇有纽约即视感的市中心金融区走出来，不远处就是恢宏的圣保罗主教座堂，再去市政市场吃8厘米厚、奶酪流心的火腿三明治，身边各种族裔的人们摩肩接踵，流连于琳琅满目的摊位间。奶酪、果蔬、香料、酒水，各色货品和它们的摊主一样来自世界各地。据说，圣保罗的日本后裔、意大利后裔、叙利亚后裔多于他们本土之外的世界上任何一座城市。超过一千万人在这里生活、奋斗，各种文化碰撞交融，无论是从经济还是文化的角度来看，圣保罗都可谓是"南美洲的纽约"。

3. 一月的河：里约热内卢

里约热内卢，这个充满异域风情的名字有一层更加美丽的含义。1502年，一支由探险家佩德罗·阿尔瓦雷斯·卡布拉尔率领的葡萄牙舰队首次到达瓜纳巴拉湾，船员误把海湾当作河口，当时正逢1月，于是就把它命名为"里约热内卢"，即葡萄牙语中的"1月的

河"。1月是巴西的盛夏时光，里约如同它的名字一样，代表着无限的生机和无尽的狂欢。"即使在最安静的时候，里约这座城市也充满了性感和诱惑"，巴西作家鲁伊·卡斯特罗如此感慨道。

站在科科瓦多山山顶的基督像脚下，向北眺望，瓜纳巴拉将一湾白帆点点的碧水拢在群山剪影之间；向东，目光由糖面包山出发，群峦叠嶂散落在南大西洋上，山海交融的景象既温柔秀美又大气磅礴；向南，隔着一潭罗德里格环礁绵延开一道宛如月牙的伊帕内玛海滩。伊帕内玛海滩在东端与科帕卡巴纳海滩相接，两者被伸入海中的阿博多角隔断。人们在海边冲浪、跑步、玩沙滩排球，不分阶级种族。海滩一日，就会理解为什么有一首桑巴歌曲会唱道："我甘受贫穷，只要能不离开科帕卡巴纳"。

我小时候在深圳欢乐谷第一次看见巴西姑娘表演的桑巴巡游，印象深刻，以至于在很长一段时间内，"巴西"于我就是狂欢节和桑巴。相传，巴西狂欢节是由葡萄牙殖民者于 18 世纪末从欧洲引进的，后来逐渐加入由非洲音乐与舞蹈元素演变而来的桑巴。当时的桑巴并不为上流社会接受，但这不妨碍 1928 年第一所桑巴舞学校在里约十一广场建立。人们将学校命名为"Deixa Falar"（意为：让别人说闲话去吧），在广场上举行桑巴比赛，无视上流社会的傲慢。

如今，狂欢节几乎已经成为巴西的代名词。每年 2 月中下旬，盛大的狂欢在全国上下持续三天三夜而不止，其中规模最大也最负盛名的当属里约狂欢节。里约狂欢节的高潮是在桑巴大道上举行的桑巴学校花车巡游大赛。10 余所顶级桑巴学校的花车在第三天晚上依次进入桑巴大道，在响彻云霄的乐声和欢呼声中接受评委的检阅。

虽然没能亲历狂欢节桑巴巡游，但当我在里约沙发客主人家的派对上看着一屋子人翩翩起舞时，忽然体会到桑巴所发挥的黏合剂作用。在这里，不论什么族裔，都能在鼓点响起时一起舞动狂欢。

关于里约，任何描述都不够全面，任何辞藻都显得苍白。古典的

拉帕、曲径通幽的圣特雷莎区、文化圣殿比肩林立的市中心,还有里约植物园、蒂茹卡国家公园等,壮丽的景观看也看不完。这就是里约,是斯蒂芬·茨威格所说的"地球上最迷人的城市,无论把目光投向何处,都能获得无上的幸福"。

4. 文明圣地:萨尔瓦多

1549年,葡萄牙国王指派多梅·德·索萨为最高长官,在巴西建都,设中央政府掌管全境。索萨最终选择了巴伊亚,也就是今天的萨尔瓦多。殖民地时期,它是美洲奴隶贸易的中心之一,如今尽管繁华褪去,萨尔瓦多依然是巴西的文明圣地,守护着昔日的传统和荣光。

行走在萨尔瓦多,不出几步就能看到几个世纪的变迁。老城中心的耶稣广场周围密集分布着许多教堂,随便走进一座都是在阅读一页史书。在萨尔瓦多数不胜数的教堂里,给我印象最深的是建于18世

纪的邦芬主教座堂。教堂地处萨尔瓦多下城的山丘上,俯瞰着大西洋。相传曾有葡萄牙船只遭遇海难,但船长却奇迹般生还,登陆萨尔瓦多,为感谢神灵修建了这座"奇迹教堂"。教堂门前的栅栏上系满了祈福的彩色丝带,丝带上印着"纪念巴伊亚的邦芬主"。将近10年前,巴西朋友路易斯把一条黄色的"邦芬"丝带绕在我的手腕上,让我许愿。我每许一个愿望,他就打一个结。打完三个结他告诉我,丝带自动松开的时候愿望就会实现。我系着那条丝带在欧洲旅游时遇见了一个巴西女生,她告诉我,她来自萨尔瓦多,我手上的丝带是她故乡的传统。当初的那三个愿望早就记不清了,我的第一条"邦芬"丝带也在不耐烦的等待中被一刀剪断。但我最终却来到了巴西,来到了萨尔瓦多,来到丝带起源的教堂前,这真是命运的吊诡之处。

5. 告别之旅：伊瓜苏

从巴西北部的萨尔瓦多一路向南，我转了三趟飞机，依次经停里约和圣保罗。看着航线图上的飞机图标一点一点地飞越大半个国家，我心中渐生不舍。旅程最后一站是伊瓜苏市，世界五大瀑布之一的伊瓜苏大瀑布和著名的伊泰普水电站就位于该市。流经巴西和阿根廷的30多条河流奔腾汇聚成伊瓜苏河，浩瀚江河从崖壁上轰鸣而下，形成平均落差70余米的瀑布群。瀑布的中心在峡谷顶部，流量最大，流速迅猛，高达90余米，被称为"恶魔之喉"。可惜我在伊瓜苏的两天气温骤降、阴雨绵绵，最终也没敢乘皮筏艇去"恶魔之喉"下直面激流。偏偏离开当天晴空万里，舷窗外一道彩虹横跨瀑布之上，雨后的伊瓜苏瀑布水量充沛，更加气势磅礴。可无论如何，这次完美的旅行让我终于相信斯蒂芬·茨威格所说的"凡是来到巴西的人都不愿意离开这里；无论身处何方，都希望能回到它的怀抱"。

在巴西期间，我偶然听过一个心理学家的演讲，她说："20几岁的人就像一架刚从洛杉矶国际机场出发驶向西边的飞机。起飞之后，一个航向的小小调整就能决定飞机最终会降落在阿拉斯加还是斐济。"那时的我大概不会想到，这段在联合国开发计划署的短暂实习经历，会让我与地球另一端的国家结下一丝温暖的羁绊，也为我的人生连点成线，带来如此大的影响。

巴西——我心中永远感念的狂欢节！

作者简介
About the Author

林雨芊，北京外国语大学国际组织项目班国际经济与金融方向2016届毕业生，同年取得美国哥伦比亚大学公共管理硕士学位。现就职于切尼尔能源公司市场研究部门。

单丝不成线，独木不成林
——在多元文化中感受团队合作能力

徐婷婷
王壮壮

作为北京外国语大学国际组织项目班的第一届学生，我们曾于2013—2014学年一同前往比利时布鲁塞尔自由大学攻读欧洲研究硕士学位。其间，我们参与了瑞士驻欧盟代表团协作组的实习工作。实习的主要任务是让欧盟的学术界更多地关注瑞士，促进瑞士和欧盟在科学领域的合作。虽然身处比利时，进行的却是与瑞士相关的工作，欧盟多元文化的融合与开放可见一斑。通过与来自法国、意大利和比利时等国青年的合作，协作组顺利地邀请到了总部设于瑞士日内瓦的人道主义机构——红十字国际委员会主席彼得·毛雷尔先生来比利时布鲁塞尔自由大学做讲座。此次讲座的题目为"国际红十字会：150周年的国际人道法和人道主义行动"。此外，我们所在的协作组还开通了一个法语博客，通过社交平台介绍和更新瑞士与欧盟的双边关系动态。

1. 体会和感触

身处布鲁塞尔,我们首先明显感受到的就是多元文化的融合。欧盟一体化的程度不断加深,加速了欧洲各国多领域、全方位的交流与合作,在欧洲很多地方,我们都能发现多元文化融合的身影,在布鲁塞尔尤为明显。之所以如此,一是因为布鲁塞尔具有优越的地理位置:乘火车从布鲁塞尔到巴黎或阿姆斯特丹只要一个半小时,两小时内便可到达伦敦或科隆。因此,布鲁塞尔也被称作"欧洲的十字路口",地理位置和交通上的便利使得往来变得相对容易。二是有"欧盟首府"之称的布鲁塞尔是欧洲主要机构的所在地,比如欧洲理事会、欧盟委员会、欧盟理事会、北大西洋公约组织等,总部位于斯特拉斯堡的欧洲议会也在此设有分处。欧盟以及许多欧洲层面的政治、经济决策机构都设立在这里,催生了许多机会,吸引了很多政治家、商人和专家学者、学生等,这使布鲁塞尔成为一座欣欣向荣的城市。

三是因为布鲁塞尔有着不同文化相互融合的良好传统。它是一座双语城市，法语居民约占总人口的 80%。此外，还有很多阿拉伯人和非洲移民。随着全球化的推进，越来越多的亚洲面孔也出现在这里。不同文化在此碰撞和融合，形成了今天多元的布鲁塞尔。

以瑞士驻欧盟代表团协作组的工作为例，成员们分别来自中国、法国、比利时和意大利等国，大家的文化背景和饮食习惯也不相同，在平时的沟通和讨论过程中，主要使用英语和法语。这些都是布鲁塞尔这座城市多元文化的缩影。

其次，团队合作能力在欧洲国家很受重视。无论是课堂作业，还是实习活动，很多事情都是以小组为单位共同完成的。很多时候，各种项目以团队的形式展开，而在大团队下又分为几个小团队，分别负责不同的工作。这样不仅提高了工作效率，降低了个人的劳动强度，也能增进组员之间的感情，提高成员们的沟通和交流能力。

在实习期间，我们所在的协作组主要完成了如下工作：一是开设博客，选取有关瑞士—欧盟关系变化和发展的新闻进行分享；二是在社交平台上开通账户，既方便成员之间的联系，也成为协作组的宣传平台；三是邀请瑞士知名人士到校园做讲座，让广大师生更直观地了解瑞士。为完成这些任务，我们进行了多次小组讨论。从前期准备活动——商讨活动目标、确定日程，到活动筹备——确定会场地点、海报张贴及宣传资料发放，再到项目实施，都离不开团队合作。

最后一点，是一部分欧洲青年对中国的了解相对较少或者比较片面。自 1978 年实施改革开放政策，中国 40 多年来的对外开放水平不断提高。在与世界各国的政治交流、贸易合作和文化沟通逐渐加深的过程中，很多中国人，特别是年轻的高校学生对世界的了解越来越多。然而，欧洲国家的一些大学生对中国的了解却并不全面。作为新兴的发展中国家，中国在经济和社会领域取得了巨大进步，个别城市的发展甚至已经赶超某些欧洲城市。但这样的成就似乎并没有吸引欧洲

单丝不成线，独木不成林
——在多元文化中感受团队合作能力

人，或者说，中国的发展成就并未充分地触及他们的认知。一些欧洲青年对中国的看法，似乎仍旧停留在某些西方媒体带有偏见和刻板印象的报道中。当涉及具体的社会生活问题时，他们对中国的了解相对粗浅，甚至会提出让人匪夷所思的常识性问题。当然，正如不是所有中国大学生都了解欧洲一样，也不能强求所有欧洲大学生都了解中国。但是，这些发达的工业化国家的青年们是欧洲未来发展的主要力量，如果他们未能对中国持有较为客观、正确的认识，势必会在一定程度上影响中国和欧洲未来的关系发展。为此，我们不仅要更好地宣传中国的国家形象，更要努力加深外国人对中国文化和中国百姓日常生活的了解。

2. 收获和经验

在此次实习中，通过与不同国家的人交流合作，我们不仅获得了提高外语表达能力的机会，而且获得了一些跨文化沟通和团队工作的个人经验。

总结来说，首先，谦虚是值得尊重的品质，但是应保持在合理的范围之内，过度谦虚便会得不偿失。例如，在工作任务的选择过程中，应该主动申请一些自己擅长或者能力所及的事情，而不是过分地"谦虚"，等待他人给自己分配任务。有时，等他人都选完任务，留下的可能是自己没有能力完成或者完成起来比较困难的工作。这样既给自己造成麻烦，也会拖延整个小组的工作进程，同时影响他人对自己工作能力和处事态度的评价。如果不能自主选择具体任务，则应该及早地向团队领导或者其他团队成员说明情况，避免拖延到最后时刻，影响项目的完成。

其次，如果发现了工作中存在的问题，应该及时指出，不用担心指出别人的问题或者错误会伤害到别人，这一点可能常常是中国学生出于"面子"而有所顾忌的。实际上，小组活动最重要的就是能够集思广益、相互帮助，以保证项目及时、高质量地完成，避免走弯路。

最后，可以在合适的时候邀请一些项目组的成员到自己家里做客，为他们准备一些中国饭菜。我们就曾邀请法国同学来住处就餐，就法国羊奶奶酪和中式番茄炒蛋的味道进行过颇为有趣的切磋交流。这样不仅能增进感情，还能在相互了解之后更好地表达自己的真实想法，进一步促进项目目标的实现。同时，这也是民间外交的一部分。目前，越来越多的中国人到海外求学就职，如果每个人都能够正确、真实地把中国的国情介绍给身边的外国朋友，相信越来越多的外国人会对中国产生客观的认识。

3. 建议

我们建议：国内大学的各项活动应该越来越广泛地以团队合作的形式展开。目前，中国教师在课堂上布置的作业多以个人独立完成为主，虽然也有小组作业，但是比例相对较小。如果说在小学和中学，老师要求独立完成作业是为了考察每一位同学对知识的掌握情况，那么在大学中，任务的布置和作业的完成应该更多以小组的形式来实现。因为大学生已经具备了独立学习的能力，不再需要老师的监督，而进行小组活动和小组讨论可以拓宽学生的视野。通过与他人的沟通，从不同的角度去思考和解决问题，锻炼自己的团队协作能力，也有利于学生更好地融入集体，为踏入社会提前做好准备。

前文谈到，一部分欧洲青年学生对中国的实际情况了解不够充分，这或许是由两方面原因造成的：一方面是欧洲国家对中国的宣传报道存有偏见，另一方面是中国自身的外宣还有不足。对于前者，我们可以通过政府和学术界向欧洲建议开设中国国情和文化相关课程，这既有利于提升欧洲人对中国的认知，也能为有意来华深造的欧洲青年提供更多机会；对于后者，中国的相关部门应该更好地把中国介绍给世界，尤其是介绍给代表未来的年轻人。比如，可以在驻外使馆举办更多的文化体验活动，也可以邀请更多的外国学生来华短期访学。

最后，我们想说："单丝不成线，独木不成林"。身处异乡，免不了感到弱小与孤独，每逢佳节倍思亲。这个时候，要记住身边还有一群可爱的中国朋友，互相扶持、互相打气、互相帮助，才是我们中国人团结友善的本色。加入当地留学生联合会、与当地驻华使馆保持联系，不仅能及时获知有益的消息，也能让你时时感受到：即使身处异乡，我们也是朋友，祖国就在你身后。

作者简介

About the Author

王壮壮，北京外国语大学国际组织项目班国际关系与国际政治方向 2015 届毕业生，于 2014 年取得比利时布鲁塞尔自由大学欧洲研究硕士学位。现就读于法国巴黎政治学院，博士论文主题为"中国与联合国气候变化制度"。

徐婷婷，北京外国语大学国际组织项目班国际关系与国际政治方向 2015 届毕业生，于 2014 年取得比利时布鲁塞尔自由大学欧洲研究硕士学位。现就职于西安交通大学。

走进世界贸易组织的路

梁方舟

2018年冬天,我第一次参加了现工作团队的团建活动。

彼时,我是新入职不到三个月的实习生,在世界贸易组织的全职带薪实习,是我失去学生身份后的第三份长期带薪实习工作。自我完成北京外国语大学和巴黎政治学院的硕士学业,开始国际组织全职实习生涯,已经过去了两年多。而这份实习的合同时长,是六个月。

团建中有一项议程,是让每个人讲三个关于自己的故事,以增进同事之间的了解。不过,在其中一个故事中要撒个小谎,然后请大家来猜哪一个故事不是完全真实的。轮到我时,讲完两段出国之后经历文化冲击的真实经历后,我突然想起了自己10岁那年——中国加入世贸组织的那一年——我养过的一只兔子。

那时候,"入世"是各大报纸的头版头条,10岁的我自然不可能懂得这背后谈判与角力的艰辛,却在铺天盖地的宣传报道下深感激动和自豪。那个冬天,恰好我磨得母亲的同意给我买了只宠物兔子,于是我就以世贸组织的英文简称给兔子取名为"WTO",以纪念这一难忘的时刻。

小兔子在我家生活了数月,没想到次年开春的时候,也许是吃了没有擦干的菜叶,它竟开始腹泻。我当时非常害怕兔子会在我眼前死去,居然想出一个馊主意,连哄带骗地想把它送给我的同班好友——结果未能得到她家长的同意。没办法,我们只好将兔子暂时藏在教室里放清洁工具的地方,不想被代课的数学老师发现了,他倒是爽快地接受了这只宠物,我也没有告诉他"WTO"已经生病的事实。再后来,代课老师被调走了。记忆里,我最终也没能知道我的"WTO"是否康复了。

在讲述这个故事时我隐去了后面的曲折,只说"WTO"开始腹泻,之后不久便"与世长辞"了。出乎我的意料,竟然没有一位同事猜到我在这个故事里掺了假,待我揭晓真相大家纷纷表示不信,说:我们都觉得这个故事一定是真的,因为你从 10 岁那年起,就命中注定要来到"WTO"工作啊!

"工作?"我在心里苦笑了一下,只觉得不能相信——毕竟,我已经前前后后在五家国际组织实习过,并在其中三家努力争取留任的机会,都以失败告终。当时的我几乎做尽了所有能做的国际组织带薪实习工作(大部分国际组织带薪实习对申请者的毕业年份有要求),

种种失败的经历让我默认不能抱任何留任的期望,也做好了回国转行的思想准备。

意料之外但又情理之中的是,2020年2月,我仍然在这个团队里。

当我收到母校《走进国际组织——心路与历程》的约稿时,从前的这一幕浮上心头。时至今日,我仍然不认为自己"命中注定"要来世贸组织工作,也因为签订的不过是短期员工合同,我时时刻刻准备着离开。不过,正如当年10岁的我不会想到有一天自己真的会来到我用来命名宠物兔子的"WTO"工作一样,七年前加入北京外国语大学国际组织项目班,从此怀抱国际组织梦想的我也从未预想过,这趟走进国际组织的旅程会是这样的:曾经有过的预设一次次被现实全盘推翻,一路走来不可谓不艰难,却也不可谓不精彩。而兜兜转转,梦想终究是指引我来到了最初想要到达的地方。

1. 初识国际组织:这个行业打动我的两个原因

我供职的第一家国际组织是国际移民组织驻华联络处(现为驻华代表处)。那还是2014年,我在北外国际组织项目班攻读硕士学位的第一学期,我从本科母校北京大学的论坛上看到了国际移民组织招聘实习生的公告,遂写了简单而真诚的动机信,附上简历一并投出,很快便收到了面试和录取通知。回想起来,这一份连工作邮箱都没有的实习工作,却给我带来了最为深远的影响:它不但使我萌生了对"移民与发展"这一议题的情结,令我后来在巴黎政治学院留学时选择了这一议题作为辅修课程,还让我真正确认了想去国际组织工作的理想。

是什么打动了我?有两个令我印象特别深刻的瞬间。其一,实习开始后不久我便参与了一场支持新《出入境管理法》执行的政策研讨会的组织工作。参会者有来自中国 20 余家省级行政单位公安出入境管理部门的一线从业者，也有来自世界各国的对口政府部门官员和学者，更有其他国际组织的专家。经过前期紧张的筹备工作，会议召开当天，我全程聆听了与会者热烈而务实的讨论——从国内外边境检查的一手经验到学界和国际组织专家的理论分析，我心中的成就感和使命感油然而生。为公共管理的各方提供一个交流经验的平台，以改善各地的治理实践，这是一份多么了不起的职业啊！而会后回收的参会者反馈问卷也体现了我国一线工作者对会议的认可，许多人提到，希望能有更长的茶歇时间，以便与外国专家有更多的交流。其二是与同事共同度过的午餐时间。联络处办公区不大，没有食堂，午餐时间不出去的同事便会聚在会议室里一起吃饭。有一次，我和我的上司（一位中国籍资深项目助理）以及团队里一位年轻的澳大利亚籍顾问搭伙吃饭，她们看着墙上挂着的世界地图和中国地图，谈起了各自在不同文化背景中的有趣经历和下一个假期的安排，听得我入了迷。此前我曾在一家外企做过实习生，茶水间里，同事们的话题不外乎办公室八卦、家长里短的小事和新近在网上购买的物品。我想，这样平等、舒适、志同道合的跨文化交流，在国际组织之外的地方大概不太容易发生吧？那个瞬间，我突然感受到了一种强烈的归属感——国际组织的确是一个值得追求的理想工作场所。

六年来，这种使命感和归属感一直在我心中，而且就是这样的初心支撑着我走过了在一家家组织间流转的旅程。不过，后来的经历多的是我预料之外的，也因此格外富有挑战性。

2. 第一批被推翻的假设：
"中国人不可能进经济合作与发展组织"与"实习都是申请得来的"

我的第二份实习工作是在经济合作与发展组织（简称"经合组织"）的教育司。离开国际移民组织之后，我结束了北外国际组织项目班第一学年的学业，抱着"不能放弃法语"的想法选择了巴黎政治学院作为硕士第二、三学年的留学单位。这个留学项目的第三学期一般为全职实习，于是我从第二学期开始便以"地点在欧洲的国际组织"为范围进行了职位的寻找和海投，终于在 2015 年 8 月拿到了经合组织的录取通知，9 月入职。

我的经合组织之路开始得十分顺畅：项目中的一名顾问是我在巴黎政治学院同一专业的前辈，他在上一任实习生即将离职之际将招聘通知发给了我所在专业的教学秘书；教学秘书将通知转发给了专业内的所有同学，之后我便按照通知上的要求投递了简历、动机信和英文写作样本，通过简历筛选和面试，最终被录取，用时不过 2—3 周。然而，在我真正进入教育司之后，询问了周边近 20 位实习生伙伴："你们是如何找到这份实习工作的？"得到的答案却完全出乎我的预料。许多人都是通过学习和工作关系，认识教育司内部的工作人员，表达寻找实习机会的意向，拜托对方扩散简历的。更有甚者，是直接在经合组织的官网或者领英网站上看到相关项目负责人的邮箱，或者仅仅是姓名，便直接投递简历和动机信过去。真正通过官网上的简历库，或是像我这样看到招聘通知经过一般程序得到录取者，少之又少。

得知我获得了经合组织的实习机会,我身边的许多中国同学都感到非常惊讶。因为中国并不是经合组织的成员国,很多中国学生在申请实习时便自然而然地排除了经合组织。而当他们得知经合组织其他实习生获取实习信息的渠道时,更是感到不可思议。这正是这份实习给我上的第一课:在寻找机会的时候,不要给自己设限,而应明确目标,做最广泛、最大程度的尝试和努力。在后来的实习过程中,我也曾接触过教育司职级较高的主管,询问对方如何看待毛遂自荐者,对方告诉我:他们每天的工作都非常忙碌,到需要实习生的时候往往措手不及,大多数情况下根本来不及对外招聘。而这时,他们手上往往已经积累了足够多的自荐简历,不需要再耗费时间从外部寻找资源了。机会,有些时候真的是留给"厚脸皮"的人的。

3. 破灭的幻想一：
实习之后可以留下来的

我常常在讲述国际组织实习经历时毫不掩饰地说：我在经合组织的四个多月是非常失败的。那时候，第一次拿到".org"后缀的员工邮箱，在毗邻塞纳河、设施一应俱全的现代化办公大楼里上班，身边围绕着来自世界各国的志同道合的小伙伴的我，实习的前半段都用来"得意忘形"了。经合组织的工作节奏不快，每天的午餐时间，教育司的十几个实习生总会聚在一张桌子前侃大山。下午三点的茶歇，我也总是一次不落地参加，聊到意犹未尽才回到工位上。

过于舒适的环境让我在很长一段时间里忘记了自己，包括身边大多数伙伴来到这里实习的目的：寻求机会成为正式员工。身边陆陆续续地有人拿到了续约合同，一切看起来都那么顺理成章，于是我在内心想当然地认为：好事会落在我头上。然而到了实习的第三个月，我的主管潇洒地离开巴黎休圣诞假去了，随着合同结束期一天天临近，我终于开始感到焦虑不安。一天，我随口和一位同事谈起了对未来的安排，说我在期待着被主管约谈留任，却被当头浇了一盆冷水：你的主管本就不是经合组织的员工，他原本是借调过来，之后多年一直设法接手或者延期新的项目，自顾不暇，根本不会帮你的！

我至今还记得听到这个论断时，在那位同事的办公室里对着夜幕初降的塞纳河与巴黎的万家灯火满心绝望、失声痛哭的场景。在之后的一个月里，我真的豁了出去，寻找一切可以留任的机会：约谈过教育司的司长，敲过其他团队主管的门，和各种熟悉的、不熟悉的人约咖啡和午饭，拜托相熟的同事在其团队里传递我的简历，甚至还真的参加了某个团队的笔试。但我没有意识到的是：实际上，教育司乃至整个经合组织的核心业务内容和我本身的专业特长并不是十分契合，再加上我的非成员国公民身份，即便我有着勤恳的工作态度和良好的人际交往能力，但其他人未必没有，相比之下，他们凭什么要把我留下呢？

虽然所有的尝试都失败了，但幸运的是我没有只盯着经合组织内部的机会。2016年1月中旬，国家留学基金委员会发布了第二届联合国教科文组织公派实习的遴选通知，这是我等待已久的机会。我抓住自己最后两周的在职时间，向我的主管请了一封推荐信。后来的事情则水到渠成：经过笔试、面试和忐忑的等待，我收到了来自德国汉堡的联合国教科文终身学习研究所所长的一封邮件，欢迎我作为实习生加入该所的公共关系部。

其实，无论从工作地点还是内容来说，这份实习都是一个意外：我填报的所有志愿地点都在巴黎；教科文终身学习研究所公示的招聘岗位也不曾设在公共关系部，而是在其三大项目之一的"成人学习与教育"团队。后来我才知道，大约是因为我的德语能力，我的简历被递到了汉堡，而"成人学习与教育"团队的项目主管看了我的简历之后，认为我没有教育学背景，因此不愿意接收我。我的简历这才来到了我后来的主管——新设立的公共关系部时任部长费思女士手中，她最终拍板决定，把我招入麾下。

回首往事，如今已经在多家国际组织的沟通、外联部门工作了三年半的我，不由感叹一切都是命运最好的安排。我在汉堡的时光虽然因为阴雨连绵的天气和德国与法国相去甚远的文化差异蒙上了一层阴影，但是从职业发展的角度来看，我获得的锻炼与成长是无价的。一年的实习期内，我被委任负责研究所内三大项目之一"扫盲与基础技能"的所有公关工作，包括撰写新闻稿、活动预告、相关出版物简介，网站和社交媒体管理。此外，我还承担所级公共关系职责，包括年报的制作与推广，内部资讯的撰写、排版及发放等。很幸运，我终于遇到了擅长的工作内容——仅仅在加入团队后的一个月，研究所时任文字编辑便向我本人和上司费思女士对我的工作表示了极大的肯定——"她写出来的英文比所内许多工作多年的老员工还要明晰、易读"。尽管如此,在经合组织的经历令我感到绝不能把留任当作顺理成章的事,因此早早地就开始找退路,甚至拿到了一份全额奖学金的博士录取通知。

入职后的第八个月,费思女士正式向我表露想要留用我的意向,并且愿意为我争取一年一签的工作合同,这就意味着在公共关系部为我开设一个新职位。然而,我还没来得及高兴,这片职场就像风云莫测的国际局势一样天翻地覆了:入职第十个月,前任所长退休,新所长人选迟迟未定,所内的行政人员出于种种考虑,不予通过费思女士提出的设立新职位的请求。一个月后,研究所最大股东撤资的消息传来,所里一下子损失了将近三分之一的年预算,新的工作合同便更不可能发放了。这样一来,我原本有望的一年期的工作合同,最终缩水成一份四个月零八天的顾问合同。

这其中还有一个微妙的小插曲。作为非欧盟国家公民,我自然需要用我的工作合同进行德国居留申请,就在我得到可以签署顾问合同的答复之后,我的上司向行政人员咨询我工位的保留以及德国居留申请事宜,得到的回复却是:她可以保留工位,只要她本人拥有德国的居留许可。言下之意,就是不会帮助我申请德国居留许可(而远程工作并不符合我当时团队的需求)。最后,还是善良而足智多谋的费思女士拜托所内一位同事与波恩联合国总部国际雇员居留事宜的负责人取得联系,在我顾问合同生效的一周前,为我办下了德国居留卡。巧合的是,在居留卡办好的同一天,我收到了日内瓦红十字国际委员会一年带薪实习的录用通知。短短五个小时之内,我一个月后的去向就从"读博士"变成"坚持一个月的顾问工作,做好交接,然后奔赴日内瓦"。

那时的我以为这样激烈的去向变化已经是巅峰了,我想,在国际组织实习也许不能保证留任,但我总可以给自己找到下一个机会,而且薪水更高、工作周期更长。但后来发生的一切证明了我的天真。回过头看,离开教科文终身学习研究所相处融洽的团队是一个痛苦但正确的决定:由于预算削减,一年之后公共关系部几乎全员被裁,包括我的上司。也许,走进国际组织之路注定要经受这所有的波折,一课也不能落下,因为每一次波折都是一场选拔,只有在职业素养和心理承受能力上都达标的人,才有资格留下。

4. 破灭的幻想二：
   有两年工作经验，就可以申请
   业务类二级岗位

2017年9月底，我带着全部家当和满心希望来到了"国际组织之都"——日内瓦。得到红十字国际委员会这种带着"准专业人员"头衔的带薪实习工作是我两年来的夙愿，早在巴黎政治学院的最后一个学期，我就投递过五个这样的岗位，甚至被面试过一次。在汉堡的一年实习期内，我又投递了五个岗位，最终被沟通与信息管理部录取。而这里的实习条件也着实诱人：每月3000瑞士法郎的"高薪"且可以拿到"十三薪"，以及与正式员工相差无几的工作职责。这样优厚的条件让我天真地以为自己熬出了头，我想，一年以后，要么我能够留任，要么我已经积满了两年工作经验，申请其他国际组织的业务类二级初级岗位不成问题。

很快,冰冷的现实又给我上了一课。我意识到:红十字国际委员会"准专业人员"绝不可能在同一岗位上延期——这类岗位通常代表了团队的刚性需求,但苦于没有招聘指标,只能长期以实习岗进行预算安排,且每年换人,人力资源部门甚至不鼓励同一岗位的两任"准专业人员"在岗时间有所重合。我入职没几天,便目睹了办公室一位已经工作一年并签署了六个月短期员工合同的"准专业人员",得知自己"合同不会延期"的情景。看着她艰难地在组织内部寻找机会,却一次又一次碰壁,最终打包走人,我恍然意识到:挑战还远未结束,逆水行舟,不进则退!

虽然有了这样的觉悟,但在现实面前我还是把事情想得太简单了。像在汉堡时一样,我开始在组织内外寻找工作机会,甚至再次申请读博以保底。可正如一句英文谚语所说的:每当历史重演,代价总会提高。2018年的春天到来了,我没有拿到博士学位的录取通知,而是被放入了"待定席",申请奖学金绝无可能。同时,我申请业务类二级岗位的天真设想也遭到了现实的嘲讽。六个月里,我一边承担着全职工作任务,一边申请了35个岗位。我的桌子上摆着一张2018年的年历卡,上面密密麻麻地标满了各类职位申请的截止日期,最高纪录是一周里申请了四个岗位,连周末外出都带着笔记本电脑赶写申请材料。我一共进入四次面试,其中有我的"老东家"教科文终身学

习研究所巴黎总部,有红十字国际委员会的下属机构,甚至有同事介绍的其他机构(以下简称"I组织")未公开的小范围招聘。无一例外,全部以失败告终。

  一次次被拒绝对我的心理素质是不小的挑战。如果说第一次面试被拒只是让我低落了一天便继续投入战斗的话,第二次收到拒信之后,那种铺天盖地的消沉则直接导致我搞砸了接下来一个正式岗位的面试。那是2018年6月,距离9月底我和红十字国际委员会合同结束还有三个月的时间,而我知道,三个月是绝对不可能走完一个正式岗位的招聘流程的。这就意味着,如果我还想继续留在国际组织工作,唯有继续投递实习岗位。而这对我来说是个沉重的打击:此前两年的搜寻让我非常明白,红十字国际委员会的实习从薪资待遇到任期时长都是国际组织实习中的翘楚,今后寻找实习机会,上升空间非常小。而且我硕士毕业已两年,许多带薪实习已不能申请,继续实习等待机会,其实也不过"自降身价"(当时留学基金委尚不允许已经拿过国际组织实习资助者再次申请资助）。事实上，当我离开红十字国际委员会时告诉同事们，我拿到了世贸组织的实习机会，要继续做六个月的实习生时，几乎每个人都不理解。

可我还是想试一试。

后来的故事告诉我，我永远都要感谢自己那时的坚持。

5. 柳暗花明又一村

2018 年 9 月 28 日，我结束了在红十字国际委员会一年的实习工作。三天之后，我就要开始世贸组织的实习了，可却一点都打不起精神来。入职前的那个周日晚上，我和当时正在德国待业的费思女士通了个电话，告诉她我的近况和未来安排，也说了我对下周一的实习提不起劲儿来，不知怎么办才好。费思女士说：" 那就假装你很积极。记住，明天到了单位，你就是世贸组织最积极、最有干劲儿的实习生。只要假装动力满满，有一天你会发现，你真的干劲儿十足。"

挂了电话我还是无精打采的，但费思说的话我却牢牢记在了心里。我告诉自己：费思是我非常尊敬和喜爱的前辈，哪怕再没有动力，我也应该听她的话。

在世贸组织上班的第二天，我便赶上了 2018 年公共论坛，这是一年一度的盛会，当年连阿里巴巴创始人马云都出席了（我甚至在某会议室里和他本人有了直接的眼神接触，并互相点头致意）。而我所在的团队负责论坛的宣传和外联工作，也忙得团团转。我还没来得及熟悉工作，隔天下午就在同一时间有两场会议，需要通过社交媒体进行现场报道，团队里人手不够。" 我去吧！" 我想起费思说的话，接过相机，拿起笔记本电脑就走进了会议室。

通过社交媒体做会议或活动的现场报道是我在教科文终身学习研究所做顾问的时候经手过的，虽然久未涉足，但我仍记得其中的要领和当年费思对我的指导。在会议室里，我找到一个较好的拍照地点坐定，拍照——把照片导入笔记本电脑——聆听并记录与会者发言中的重要信息——编辑成社交媒体文稿——选好照片——在照片中标记相应的组织机构和个人——发送，一气呵成。

后来我才知道，那个会议室里除了我的主管，还有我所在项目的最大捐助国代表，他们目睹了我工作的整个流程。会后，这位代表对我的主管说：你们是从哪里找到这样有才能的实习生的？而我的主管也赞叹着告诉他，这仅仅是我入职的第二天。想来，大约就是这样的第一印象铺就了我之后留任的道路。

然而，当时的我因为过往的经历，已经不愿意去考虑留任的可能性了。这个时候，我意外地收到了"I 组织"的邮件。原来，几个月前面试过我的"I 组织"G 团队虽然没有录用我，但对我在面试中的表现印象深刻，因此把我推荐给了组织内正在招聘顾问的 E 团队。又一次，我满怀希望地参加了笔试、面试，面试官甚至告诉我：你就是最好的候选人！但一周之后，我收到的却是一封拒信。

好在之前也算是身经百战了，在红十字国际委员会的下半年，每一封拒信都能将我击垮，我的本职工作也因此受到了很大的影响。我一点也不喜欢这样的自己，因此在心里暗暗发誓绝不能重蹈覆辙。这一次，我终于管理好自己的情绪，没有让我的实习工作受到影响。

时间来到了 2019 年，我的主管开始越来越频繁地在各种非正式场合提及想将我留在团队里的想法，我只当耳旁风，然后继续着各种申请。3 月初，我再次收到了"I 组织"E 团队的邮件：团队里又有一个空缺。经过前两次的纠缠，我的内心没有任何期待，但想起费思女士的话，凭着本能，我还是认真地参加了笔试和面试。意想不到的事情发生了：有一天，E 团队主管给我发消息说："你的工作申请先停停火，我们来讨论一下你的工作合同吧！"又过了一周，我收到了世贸组织人力资源部的电话，告知我员工合同已经准备妥当，可以前去签字了。同一天，E团队给我发来了录取通知。最后，我甚至对比了两边的薪酬和福利，选择留在世贸组织，也就是我现在的团队里。

走进国际组织需要多长时间？

对于我来说，从北外的国际组织项目班启航，从中国北京的国际移民组织一路走到瑞士日内瓦的世贸组织，耗时五年有余，经历了五家国际组织、四个国家，而结果也仅仅是"走近"——毕竟我拿着的只是短期员工合同。单看我和"I组织"的"爱恨情仇"，前后面试过三个不同的岗位，总耗时九个月之久。我身边同龄的中外同行中，并非没有经过一次实习就被留任的"天选之子"，但更多的是和我一样辗转各组织而永不言弃的小伙伴。我还在世贸组织做实习生时，有一回在办公室唉声叹气，觉得自己已经毕业两年，再也无法继续申请带薪实习工作了。我的印度同事，也是一位这样熬过来的实习生，对我说：你还可以去申请线上硕士学位，这样你就有学生身份可以继续申请带薪实习了。她的话震撼了我，原本以为自己历经磨难、山穷水尽，却没想到身边与我有同样经历的人比我努力得多。一定，在曾经某个绝望的时刻，她也是认真考虑过这个方法的吧。

今天的我，作为短期员工承担着比实习生更多的责任和压力，我的团队在世贸组织里是出了名的忙碌。当工作排山倒海压来时，我总会忘记自己身处风光如画的日内瓦湖畔，和一群有趣的同事们一起做着我认为世界上最有意义的职业。同一团队十几位同事的国籍遍布欧亚非拉和北美，我加入时甚至没有两个人来自同一个国家。因为工作不稳定，我时不时还是要过回日历上标满工作申请截止日期的生活，有时候也难免心生抱怨。

但是，就像我曾和朋友玩笑时所说的，就连联合国秘书长也是有任期的呢！走进国际组织，是一趟不断打破预设、一边前行一边造路的旅程。前路漫漫，最重要的，是时刻提醒自己不忘初心、终身学习。因为无论在怎样的职场，初心都是能让我们在追求梦想的道路上坚持到底的唯一动力，而终身学习的能力则让我们不断成长、进步，走到更远的地方，看到更大的世界。

希望每一位读到这里的你，都能有一片光明的前途。

作者简介
About the Author

梁方舟，北京外国语大学国际组织项目班国际经济与金融方向 2016 届毕业生，同年取得巴黎政治学院国际公共管理硕士学位。现就职于世界贸易组织"强化综合框架"秘书处，任伙伴关系与外联官员。"强化综合框架"是由世界贸易组织发起的贸易援助倡议，对口支持"最不发达国家"的贸易能力建设和减贫，该倡议被写入联合国可持续发展目标。

原来人生也可以这样度过
——一段珍贵的「国际公务员」经历

李梦泽

北京外国语大学国际组织项目班三年级伊始，我有幸赴联合国开发计划署驻华代表处参加了为期三个月的实习项目。

在这段实习中，我领略了联合国这个在全世界举足轻重的国际组织是如何颁布、推行其现行政策的，以及这些政策是如何在该系统下得以分配和落实，从而实现其建立之初的宗旨和目标的。更重要的是，在这段实习中，我遇到了一位好导师——任飞。她并没有把我看成一名"临时助理"，相反，她赋予我主持项目的责任，尊重并且悉心指导我的工作，使我在这段不长的实习中赢得了许多学习机会。此外，我还结识了一批优秀的同事——有浸润于发展学中博学多识、无所不知的在读博士"大牛"，有思维敏捷、工作干练、利用"间隔年"饱览中华大好河山的纽约大学高材生，亦有胸怀大志、辞去公务员工作赴巴黎政治学院进修的香港同胞。总之，这三个月虽然压力不小，但面对如此"高能"的导师和同事，处理着看似远在世界各地但又与我们息息相关的各种事务，实在让我不能不时刻打起精神，投身到一次又一次的"头脑风暴"中。也正是在这样的状态下,我高效地完成了所有工作,学到了许多专业知识和工作规范,这不仅对我三年的硕士学习,而且对我今后的工作产生了深远的影响。

人们对国际组织的实习工作总存有"翻译活儿一大堆"的印象,而我在驻华代表处的实习虽然也常围绕着翻译工作进行,但总结来说有三大项不同的工作任务使我得到了不同的锻炼。

一是协助组织第二届全球治理高层政策论坛,极大地锻炼了我的组织协调能力。论坛期间,我主要负责外宾接待工作。前期,我收到了 50 多条嘉宾信息,需要分别跟进他们的参会意向。一开始,我分别给这些嘉宾发去邮件,但由于他们来自不同的机构,需要不同的接待方案,因而不加区别地统一对待不仅无法提高工作效率,还容易产生差错。于是,我将这些嘉宾按照联合国系统嘉宾、使馆人员、国内学者和国外嘉宾(需接至宾馆入住)进行分组排列,这样工作重心就从原本的"一一联系"转移到"确保国内学者知悉论坛举办时间、地点和到达方式,确保了解国外嘉宾的出发和到达航班信息,并提前一天到宾馆接待其入住"。这项工作使我熟悉了国外嘉宾的情况,因此在论坛举行的过程中由我负责 20 余位国外嘉宾的行程安排、联络和服务工作。这期间,我最大的体会是要确保信息流的通畅有效:关于论坛活动的通知应尽早通过邮件方式递送到嘉宾的邮箱,而嘉宾也应该能通过宾馆前台随时联系到我们的工作人员。为此,我将自己的手机号码和办公电话告知宾馆前台经理,从而保证了与嘉宾之间高效的信息传递和沟通。

在这次外宾接待中,我有幸接待了世界贸易组织前总干事、联合国贸易和发展会议前秘书长素帕猜·巴尼巴滴先生。作为一名身居高位的国际组织领袖,素帕猜先生的谦逊和低调给我留下了深刻的印象:他虽然公务繁忙,但却按时出席论坛和各项分会活动,从不曾迟到。送机时,他随身仅携带一个行李箱,独自出入,十分低调。素帕

猜先生对我们这一代中国青年寄予厚望,平易近人的他与我分享人生经验时说:自己每天4点起床,规律作息,少食多餐,是良好的生活习惯造就了一个人的成功。这些话至今想来仍让我感觉温暖、励志。

二是作为该项实习的主要常规工作,制作联合国开发计划署《全球问题新闻简报》(中英双语月刊),让我获得了专业知识上最大程度的进步。我在北外的专业是国际经济与金融,在伦敦大学学院学习的是城市经济发展,因而我的专业偏向经济方面,而对发展领域的其他学科知晓不深。这使我在最开始制作新闻简报这样覆盖面广泛且面向联合国全球所有系统的月刊时,压力不小。为此,我积极寻求身边同事的帮助,先是找来以前几期新闻简报自行阅读整理,了解各个板块和相应内容;而后向业务主管取经,明确资讯搜集的来源网站、新闻时效和其他细节要求;又向前任实习生艾伦请教在资讯选择、中英翻译方面的技巧。就这样,我逐渐在茫茫的资讯海洋中圈定几个核心话题，并持续关注其进展。随着前任实习生的离职，我更是一个人肩负起"总部新闻""国际新闻"和"各方声音"这三个板块的所有工作。虽然工作量庞大，但随着我对各类资讯越发熟悉，处理起来也更加得心应手。

随着新闻简报的受众越来越广泛，新上任的驻华协调员诺德厚先生希望我们增加更多与中国有关的内容，于是项目负责人马骏老师找到我商量如何处理。凭借我对整个工作流程的熟悉和马骏老师的专业经验，通过征询办公室其他同仁的意见，我们迅速划定了两个新的板块，并针对它们分别找到搜集信息的来源网站。此外，我们还决定对

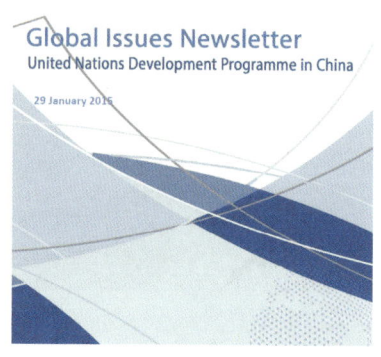

新闻简报的封面进行重新设计，我担当起这份工作。首先明确新版封面的目标是色调突出但崇尚简约，之后我主动联系新闻部的同事，自己摸索学习使用计算机软件，共完成了三版封面的初拟，其中一版封面于 2020 年 1 月正式启用。现在，我养成了阅读《全球问题新闻简报》的习惯，每次看到那熟悉的封面，当时在幕后做出的努力就跃然眼前，顿感十分亲切。

在离职前，我写了一份《新闻简报制作须知》，把我的经验记录下来，以便之后的实习生们尽快上手，并以此为基础不断完善《须知》，提升简报质量。

三是不定期参与政策研究活动，大大地锻炼了我的政策分析能力。在实习过程中，我参加过两次重要的政策摘要编写。第一份摘要主要比较了三份可持续发展核心文件，分别是《开放工作小组目标17》《可持续发展筹资政府间专家委员会报告》以及联合国于 2014

年年末发布的综合报告。通过研习这三份文件,我与同事周晓一起将其中的主要区别按金融、能力建设、贸易和系统性议题四个核心话题翻译成中文。此外,由于该政策摘要需要递交给外交部领导,所以项目主管还特意让我撰写了《可持续发展筹资政策摘要"序言"》。正是在撰写这份高度浓缩的序言的过程中,我得以融会贯通地理解之前翻译的三份文件,并将它们的异同点用最简单的语言概括在两页纸上。之后这份序言也随摘要一起呈递给了外交部,作为我国 2015 年后发展议程谈判的重要支持文件。另一份政策摘要是针对联合国开发计划署驻华代表处撰写的报告《中国、千年发展目标和 2015 年后发展议程》的概述。这份报告以客观的语调回顾了中国在实现千年发展目标中所取得的成绩,并从国内国际、社会人口资源等多方面、多角

度分析了中国是如何取得上述成绩的,进而归纳出中国经验在 2015 年后发展议程的谈判中具备的可借鉴因素。也正是在翻译、归纳和总结的过程中,我得以提纲挈领地读透这份报告,从而整理出中文版报告概述,呈递给外交部负责 2015 年后发展议程谈判的相关部门。

  在这三个多月的工作中,我的国际法以及国际经济专业知识不断增进、协调沟通能力获得提升、政策分析研究能力得到锻炼,可谓硕果累累。通过这些经历,我认为自己在以下方面有进一步提升的空间:首先,专业学习有待深入。得益于国内外两年的学习,我在国际经济方面已有不少积累,希望未来可以对某一细分领域进行更加深入的钻研;而在国际法方面,我知之甚少。在论坛筹备工作中我发现,联合国的各种讨论、辩论最后都会以法律条文的形式留存下来,因此加强国际法专业的学习将对我大有裨益。此外,应该多争取参与政策分析的机会。联合国开发计划署各个部门会定期发布报告,每一份报告背后都凝聚着成员们的心血。我曾目睹一位同事为了写出一篇气候变化政策简报阅读了不下 100 篇文献，而当作品以优异的形式出现在大家眼前时，这位同事对于气候变化的认知也更上了一个台阶。很可惜，在我工作的这段时间里我们的全球治理高层政策论坛报告还没有正式落笔，希望之后能争取更多这样的机会，从而深入地认识和了解感兴趣的话题。

除了获得上述经验外，在联合国开发计划署实习的最大收获就是结识了一群机智、高知、幽默、特别的小伙伴。从他们每个人身上，我都看到了别样的风景，与他们的交谈总是让我产生一种"原来人生也可以这样度过"的豁然开朗之感。感谢老朱、浩挺和霍华德，感谢乐怡、伊娜、曼曼和丽萨，感谢他们带给我的所有顿悟和豁达，感谢他们带给 310 办公室的所有欢声笑语。

我将会把这段特别的经历永远铭记在心。

作者简介
About the Author

李梦泽，北京外国语大学国际组织项目班国际经济与金融方向 2015 届毕业生，同年取得英国伦敦大学学院城市经济发展专业理学硕士学位。现就职于上海外国语大学附属双语学校，担任国际高中部英语教师和英国普通中等教育证书考试高级水平课程（A-Level）协调员，致力于通过英语语言教学和国际课程研究，践行国际组织项目班培养"世界人，中国心"的使命。

念念不忘，必有回响
——我在联合国环境规划署实习

刘鑫

上周，我无意间在联合国环境规划署的微信公众号上看到一则题为"《2019年排放差距报告》发布"的新闻，读到"世界各国正按照《巴黎协定》的承诺，朝着升温3.2℃的方向前进，失去实现1.5℃温控目标的机会……"时，突然有一个声音出现在脑海中，不断回响，让我回忆起曾在气候变化领域学习和实习的经历，想起北京外国语大学在我心中种下的那一株小树苗。

1. "非知之难，行之惟难"
—— 研究方向与实习

初来乍到，我有幸成为国际组织项目班的第一批学生。2012年，我从浙江大学毕业，成为第一批进入北外"探索国际组织需要的复合型人才培养模式"项目的学生，开始了为期三年的硕士学习生活。我们班不到30人，分成三个专业方向，我便成了国际关系与国际政治专业的一员。

  由于并不是国际政治专业科班出身,硕士阶段的学习给我们带来了颇多挑战。面对班里同学这一"普遍情况",北外的老师们全方位、全覆盖地为我们提供了全身心扎根学习的土壤:邀请中国人民大学金灿荣教授授课,安排欧盟议员培训专家围绕国际组织译员培养展开集训,外交部、清华大学五道口金融学院的教授等都是我们课外的良师。国际政治时局研究、经济脉络探究等话题成为我们这些第一次接触国际组织、第一次全方位探索国际组织人才培养、第一次开拓国际组织资源的新手们启蒙的亮光。这些学术讨论潜移默化地指引着我们的思想,拓宽了我们的视野。而我正是在那个时候对气候变化问题萌生了兴趣。

  出国深造,让我迈出了在国际组织实习的第一步。读研的第二年,我有幸申得赴英国剑桥大学国际关系与政治学院攻读硕士研究生的机会,在国家留学基金委员会的帮助下,我顺利完成了在英国的学业。正是在英国的学习经历,为我后续在国际组织的实习打开了另一扇窗。

结合论文写作，我探索、深挖实习机会和校方资源。在剑桥大学学习期间，我的毕业论文选题是"国际气候变化机制"。论文的指导老师之一曾在联合国气候变化框架公约秘书处工作过，通过她的介绍，我成功取得赴德国波恩气候变化框架公约总部实习的机会。不过遗憾的是，后来由于时间冲突，我不得不回国而没有进行实习。期间气候变化框架公约总部还主动帮我延迟实习期，虽然最终我还是没能赶上实习的时间，却为总部的这一做法深深感动。所以，通过学校导师、校方资源接触实习机会是非常重要的手段之一。

积攒人脉，我的信息渠道得到了拓宽。第一次由于客观原因赴国际组织实习未能成行，但是后来通过同学介绍，我进入联合国开发计划署驻华代表处实习，真正接触国际组织的工作，现在回想起来都还令人振奋。虽然学习了两年关于国际组织的理论知识，但是实际运用到工作中，绝非易事——实际的工作目标与学习目标的多样性，让初次踏入社会的我百感交集。

2. "非行之难，终之斯难"
—— 专业学习与工作

我的国际组织初体验，开始于联合国开发计划署驻华代表处。我主要负责全球环境基金项目下的小额赠款项目，我的导师是一位中国人，原任职于国家发改委，后任职于开发计划署北京环境与能源团队。这一方面在中国最知名的项目就是"能效等级标准规定"，彼时，我真切地感受到自己将成为推进中国环境发展进程的一个小小分子。

我的使命感油然而生。实习的主要工作是维护小额赠款项目下的五项内容，包括自然资源、气候变化、生物多样性、生态可持续性、污染防治。日常工作是与非政府组织打交道，推进项目开展。还记得年终的总结大会上，有带着酵素和蜂蜜的陕西蜂农，有来分享最佳实践案例的中国民间促进会的同事，有带着政策来交流的地方管理部门的工作人员……，让我体会到在国际组织工作的主人翁之感。

我对新知识、新技能更加渴望。在跟踪推进近 20 个项目的过程中，我深深体会到自身专业知识的匮乏：项目管理不懂，环保知识不全，金融常识欠缺。还好，自己的沟通技能与不会就问的"厚脸皮"精神，支撑着我完成了后续的实习工作。一遍——两遍——三遍，我耐着性子计算项目财务数据，与非政府组织代表沟通能力建设研讨会的议程安排，翻译项目文件等等。一步步的探索中，我深刻感受到，探索不光是实习工作中的任务，也是作为北外第一届国际组织项目班成员的使命，更是未来迈向职场的精神灯塔。

我对社交关系网络也有了全新的认识。以联合国为平台，结识人生轨迹全然不同的同事、朋友是非常宝贵的财富。一方面能够了解不同国家、地域的风俗习惯和人文历史，另一方面还能了解到不同人的人生规划和生活阅历。短暂的相会却织就了一生的关系网，直到现在我还与当时共事的朋友们保持着联系与交流。

此外，我还尝试探索新的生活方式，向往届申请者了解联合国青年专业人员考试项目。该项目是面向有意进入联合国求职的相关专业人才的职业选拔考试，分为法律事务、社会事务和统计类等。同在开发计划署的一位同事那一年通过了青年专业人员考试，大家都为他高兴。可见，进入联合国工作的渠道多种多样，可以作为临时受聘的专家在联合国系统工作，可以通过青年专业人员考试进入联合国总部工作，也可以通过外派的形式进入联合国机构，当然还可以作为实习生为联合国系统贡献力量。不过，后来由于开始了新的工作，我并没有申请该考试。

仰望星空，中国在世界的舞台上熠熠生辉，机遇与挑战并存。截至 2020 年，共有 9 位中国人担任过联合国副秘书长，在国际组织里任"掌门人"的中国人仅 4 位：联合国工业发展组织总干事李勇、国际电信联盟秘书长赵厚麟、国际民用航空组织秘书长柳芳和世界卫生组织原总干事陈冯富珍，这些都是我们耳熟能详的名字。据联合国的报告，当前联合国系统有中国籍雇员约 450 人，占总人数的 1%。其中供职联合国秘书处的非语言类中国籍专业人员只有约 70 名，低于联合国开出的 136 人额度。这对于怀揣国际组织梦想的年轻人来说，一方面是机遇，另一方面更是挑战。机遇是指中国籍的联合国专业人员数量还有相当大的上升空间，机会在招手呼唤着我们；挑战则是说我们要清楚地认识到，进入联合国工作还有巨大的困难，需要付出超乎常人的努力，从专业知识到关系网，"硬实力"和"软实力"要样样俱全。

持之以恒，北外国际组织人才培养工作硕果累累，枝繁叶茂。北外作为探索国际组织需要的复合型人才培养第一校，开天辟地，创业十年，取得了丰硕的成果，在教育行业的影响力也与日俱增，越来越多的中国高校开启了国际组织人才培养工作。百花齐放有利于从整体上促进国际组织人才培养，同时北外作为抛砖引玉的先行者，面对众多竞争和挑战，更需要在此时找到自身的独特定位，发挥优势，为国家和世界输送更多复合型人才。

3. 结语：念念不忘，必有回响

目前，世界处于百年未有之大变局，国际形势风云变幻。中国与外部世界的利益交融不断扩大，融入国际体系的程度不断加深，前所未有地走近世界舞台中央。我认为，继续推进国际组织需要的复合型人才培养的探索是符合新时代中国特色大国外交整体布局的举措。北京外国语大学作为这一模式的先行者与开路人，不仅为莘莘学子搭建了走向世界的桥梁，更为国家培养了一批具有国际视野的人才，进一步为民族复兴、世界共赢做出了应有的贡献。

就在要结束此篇小文撰写之时，我在电脑中找到了五年前写的实习报告，里面的一句话现在看来仍令我动容，在此引用与大家分享："如果有机会，我还愿意回到联合国继续工作。"要相信，机会属于有追求的你，"待到山花烂漫时，她在丛中笑。"

作者简介
About the Author

刘鑫，北京外国语大学国际组织项目班国际关系与国际政治方向 2015 届毕业生，同年取得英国剑桥大学政治与国际关系专业硕士学位。现就职于中国商用飞机有限责任公司总部，担任高级主管，主要负责的业务领域包括集团国际合作管理、外事管理等。

大河东流
——从国际河流组织看中国水电企业

谢聪

我在国际组织项目班的第三学年伊始,有幸获得国际河流组织的录取,成为其中国项目办公室的一名实习生,协助开展一系列研究项目,包括案头研究、整理和编辑数据、开展基本分析、翻译以及部分行政工作等。尽管在这之前我曾为国际组织做过翻译志愿者,但在国际河流组织半年多的实习是我从"学"到"用"的过程,也是我真正意义上参与国际组织实际运作的一段宝贵经历。

1. 初识国际非政府组织

北京作为首都城市，拥有着丰富的国际组织资源，不仅有像联合国及其附属机构等政府间国际组织，而且有形形色色、大大小小的非政府组织，例如世界自然基金会、绿色和平组织等，而各类型的国际组织又有各自专注的领域，如环保、劳工保护、教育、动物保护、社区发展等。在正式寻找实习机会时，我和许多同学一样，对国际组织的认识仅来源于课堂，对于自己希望在什么类型的国际组织中实习也没有明确的方向，因此在投递简历时经历了一段"大海捞针"的过程。我最终选择了几家价值观上有共鸣的非政府组织，并获得国际河流组织的录用，开始了与国际非政府组织的"亲密接触之旅"。

国际河流组织是一家环保型的非政府组织，自1985年成立以来一直致力于保护河流并捍卫依赖河流生存的诸多社区所应有的权益，努力阻止对环境和社会可能造成巨大破坏的大坝项目，推进水资源管理与能源问题的合理解决，实现社会公正及可持续发展。国际河流组织在全球各地有多个办事处，其中国项目办公室成立于2006年，旨在提高中国大坝建造商和融资方对其在国内外的角色与影响的认识，倡导政策改革，强化中国与项目东道国非政府组织的协调能力，并对重要水电项目进行研究与监测。中国项目办公室小而精，除我和一名兼职财务人员之外，包括项目主管在内仅有三名全职员工，每人都会牵头负责1—2个项目，作为实习生的我虽然主要负责案头研究、翻译等支持性工作，但也得以接触到整个项目流程。我从半年多的实习经历以及和同事们的接触过程中了解到，许多国际性的非政府组织，特别是规模较小的机构，人员设置都比较精简，因此除了所在领域的专业知识以外，对员工的综合能力要求也比较高。

非政府组织作为公民社会组织的组成部分，倡议是其最重要的工作之一，而倡议对象不仅包括政府等权力机关，也包括企业等私营部门。国际河流组织倡议的便是"保护河流,反对具有破坏性的水坝项目并提高中国公司水坝建设的标准"。不可否认,水电是清洁能源之一,对经济发展有着巨大的贡献,但在水电开发的过程中如果不注重环境和水体保护,移民得不到合理安置,其权益得不到保障,那么这个项目就不是一个可持续的好项目。国际河流组织中国办公室一方面关注中国国内重要河流上水电项目的情况,另一方面关注中国企业"走出去"的水电建设项目。

2. 中国水电企业的全球足迹

通过在国际河流组织的实习,我了解到中国水电技术在全球处于领先水平,已逐步发展成为在全世界范围内极具竞争力的水电强国之一。经过数十年的发展,我国水电装机容量已突破3亿千瓦,占全球的近四分之一。随着中国水电企业"走出去"的步伐提速,海外水电建设也越来越离不开中国水电企业的参与。这让我在为祖国深感自豪的同时,也逐渐理解了国际河流组织以及许多其他非政府组织所担心的伴随而来的问题。

随着中国水电企业足迹遍布全球,我的实习工作重点就自然而然地放在了中国企业的海外大型水电项目上。实习初期,我的主要工作内容是搜集、整理资料和翻译文件。具体来说,搜集的资料包括中国水电企业在国内及海外承包的水电项目的信息,如已建或在建项目的最新情况、拟建项目的进展、项目重大事件等。之后,国际河流组织美国总部的政策主任来华,与中国能建葛洲坝集团和中国水电建设集团国际工程有限公司有关人员会面,探讨海外项目时,我受托担任翻译。在两次会议过程中,我不仅了解了不同公司对待非政府组织的不同态度,还学习到了非政府组织进行倡议的方式。非政府组织作为独立于政府和企业的民间机构,要想获得政府部门和企业的重视,就需

要拿出具有说服力的论据,而非一味强调环保或公民权利应优先于经济利益。在与上述两家公司的会面中,国际河流组织就不断地强调:提高水电项目的实施环境、劳工与公民权利等方面的标准,这不是简单的成本增加,而是降低项目风险、避免因小失大的一种有效手段,毕竟确实存在许多项目因环保标准不达标而被叫停的先例。

2015年农历新年之后,国际河流组织中国办公室正式开始了筹备已久的新项目——国际水电公司环境和社会政策与实践的比照评估第一阶段:"走出去"的中国水电公司。该项目采纳了一系列现有的标准和准则,确定了一组可以衡量各个公司表现的指标类别,从环境管理、社区与劳工关系以及风险管理三方面评估水电公司的政策与项目实践情况。此次评估的对象为七家拥有海外业务的中国水电公司,它们在柬埔寨、老挝、马来西亚、厄瓜多尔等国均投资或参与建设了当地重要的水电项目。这是我第一次较为完整地参与一个非政府组织的大型项目。随着项目的开展,我逐渐了解到了现行的水电行业及基础设施建设的国际标准,如世界水坝委员会"决策框架"(2000)、国际水电协会《水电可持续性评估规范》、世界银行安全保障政策、《工商业与人权指导原则》等,也对七家中国国有水电企业有了一定的认识。3月,由于项目评估需要,我们的团队需要派人前往柬埔寨实地考察中国华电集团公司负责建设的额勒赛下游水电站。我主动要求前往,项目主任与团队同事出于对我的信任,均给予我支持并最终将考察任务交付于我。于是,我在3月底只身前往柬埔寨,联系了国际河流组织在当地的顾问,与其一同来到柬埔寨西部国公省国公市,然后顺利联系到华电额勒赛公司的人员,完成了一天的考察。期间,我们对华电公司的副总经理和其他几位员工进行了访谈,获取评估所需的信息,并在副总经理的陪同下参观了整个水电站,及时记录有关

情况。在与柬埔寨当地顾问的几天相处之中,我还了解了许多柬埔寨的国情以及发展情况。考察结束的当天晚上,我和当地顾问工作到深夜,整理了考察的资料,顺利完成了考察任务,为团队提供了所需的评估信息。柬埔寨之行让我收获了许多,不仅亲身了解了柬埔寨的发展现状,而且锻炼了自己独立在外进行实地工作的能力,是我实习过程中最难忘的一段经历。

之后,我协助完成了大量的翻译和编辑校对工作,使得我们的项目成果报告在6月份正式出炉。最后报告被印刷成册,手上拿着两本中英双语的报告,我心中充满了成就感,一方面是为这个具有里程碑意义的项目贡献了自己的力量,另一方面也希望能通过这个项目推动我国大型水电企业在建设海外项目时更加注重环保、公民权利等议题。我们的项目成果受到了多个利益相关方的关注和认可,在北京召开的世界水电大会上,该项目还引起了有关基金会的兴趣,很有可能在将来获得投资,开展第二阶段。

3. 中国企业与国际组织

随着我国综合国力的增强,未来各行各业必将有越来越多的中国企业"走出去",成为世界上一张又一张"中国名片"。而在这个过程之中,中国企业不可避免地将与各类国际组织特别是环境、社会和公司治理领域的组织频繁打交道。近些年来,越来越多的中国年轻人加入了这些国际组织,也有越来越多的高校推出了类似北外国际组织项目班的专项人才培养计划,这些都在很大程度上帮助中国企业架起了与国际组织之间沟通的桥梁。

经过半年多的实习,我深刻地体会到,许多中国公司在政策层面已经逐渐与国际标准接轨甚至高于国际标准,但在海外项目的实施中却往往没有落实要求,有的甚至引起了当地民众的抗议和反对。以水电业为例,在与不同公司的接触与交流之中,我发现它们对水电项目环境与社会影响的认识与态度千差万别。有的公司已经意识到水电项目环境与社会标准的重要性并十分积极地与非政府组织保持良好关系,有的则抱着无所谓的态度稍加应付,也有的索性不予理会。令人遗憾的是,部分企业仍然秉持着"经济至上"的理念,过分强调自身的经济利益以及水电本身的清洁性,却忽视了在大坝建设过程中对河流、所在环境以及当地社区的负面影响,认为这是必要的代价。企业追求经济利润理所当然,但我相信多花一点精力和资源在提高环境与社会标准上,将有利于企业真正持续发展,实现名利双收。我们国家在这方面的态度也是明确的,商务部就在 2012 年指导中国对外承包工程商会参照国际标准编制了《中国对外承包工程行业社会责任指引》。

毋庸置疑,中国企业与国际组织的互动将会越来越多,在可持续发展这条道路上也会越走越稳。我很庆幸自己能在北外国际组织项目班学习期间进入一家国际组织实习,这段实习经历教会我用多元思维看社会,从可持续角度看发展,这将是陪伴我一生的珍贵财富。

作者简介
About the Author

谢聪,北京外国语大学国际组织项目班国际法方向 2015 届毕业生,期间取得英国伦敦政治经济学院发展研究硕士学位。毕业后进入中国交通银行国际储备生项目,2018 年赴澳门分行任金融机构部高级同业客户经理。

约君切勿负初心，知行合一日内瓦

王莹月

入选北京外国语大学国际组织项目班后，我对国际组织实习一直心向往之。研一阶段，我申请获准赴巴黎政治学院攻读环境政策专业硕士学位。虽然是去法国留学，但是硕士课程为英语、法语双语授课，学院中70%的同学来自法国以外的国家，国际化氛围十分浓厚。按照培养计划，硕士学习的第三学期可以选择实习、撰写毕业论文或者去其他学校交换学习，以完成取得学位所必需的14学分，我早就做好打算，很坚定

地选择了实习。第一学期结束前,我的学术顾问通过邮件转发了一则实习生招聘信息,是联合国环境规划署(简称"环境署")日内瓦办公室招聘"通过生态系统方法实现减灾"(简称"生态减灾")项目传播实习生,实习机构和项目内容都十分符合我的期待,于是我立刻提出了申请。没想到很快便收到了面试通知,面试前,我在环境署的网站上认真搜集并学习了项目相关资料,找到面试官生态减灾项目协调人发表的专著,阅读了摘要和主要观点,发现这个项目十分有意义,内心更加坚定了去实习的决心。面试表现不错,但想到这个岗位竞争可能会很激烈,我也并没有抱太大的希望。大约过了一周,我惊喜地收到了录取通知,也幸运地成为了学院里极少数提前半年就确定了实习岗位的硕士生之一。

1. 工作篇

2015年6月中旬到10月初的这段时间，我在环境署日内瓦办公室冲突与灾害管理部实习，前后加起来近四个月，收获颇丰。冲突与灾害管理部的主要职能是对25个国家进行环境评估，识别和减少冲突与自然灾害对环境系统及人类健康的影响，提供环境修复的政策建议，加强当地环境治理和区域合作。我具体参与的是其中"环境和减少灾害风险伙伴"的传播与推广工作，这是由21个联合国机构及国际非政府组织组成的伙伴网络，旨在推广生态减灾的理念与实践，秘书处设在环境署，每年由其组织召开会议，此外冲突与灾害管理部拥有自己的网站和社交媒体账号，以及每周更新的新闻简报。我的日常工作就是负责上述宣传渠道的维护、内容更新和发布，并对一段时间内的宣传情况进行定量和定性评估与总结，为改进传播策略提出建议。

实习期间我明显地感受到，联合国机构在任何一个项目上都十分注重宣传。如果说与大学、研究机构合作出版研究报告并做出判断和政策建议是知识的产出，那么知识的应用就主要依靠传播工具与能力建设。除了运用与时俱进的新媒体宣传策略，环境署还在重点国家开展针对从业者的培训，从环境治理理念和具体宣传办法上进行手把手的指导；并在各类国际会议上宣介报告的主要观点和结论，以扩大项目的国际影响力，提高认可度；同时选择个别地区开展实地项目，将其理念和操作方法加以运用，对项目取得的成果进行再宣传推广，并不断总结经验和教训，完善其结论与建议。

由于国际组织没有政治权力，很多时候需要和政府或当地非政府组织合作，充当咨询机构和国际协作平台的角色。但不得不承认，凭借联合国机构在某个领域多年积累的经验及其在国际合作方面的专业性、合法性，在寻求当地支持方面比较容易。但另一方面，环境署作

为政府间组织,国家是它的"股东",在遇到与国家利益或政府立场冲突的情况时,政府间组织不得不做出让步。例如,环境署曾经在某个国家做的环境影响评估报告,因政府不同意其中部分结论和政策建议,最终没能公开发布。这也是环境署成立冲突与灾害管理部,构建合作网络,进而从不同渠道推广其成果和理念的原因之一。

  实习过程中,我了解到我所在岗位的前任实习生是我在巴黎政治学院的师姐,表现很出色,她创新地使用新兴软件编辑并群发每周新闻简报,让简报版面更加美观、操作更加便捷。这让我认识到,哪怕是一件很小的事,也可以做得与众不同,这便是体现我们工作价值的重要方式。一个月之后,我在冲突与灾害管理部传播工作上逐渐得心应手起来,开始关注新闻转载和简报发布以后的阅读量与点击率,并从中总结经验,不断完善。经过努力,每周新闻简报的订阅量由最初的 3000 多人增加到 4100 多人。两个月后,因为能够较快地完成本职工作,我主动向实习导师提出希望参与项目的研究和数据整理工作,以及涉及中国的事务。于是,我根据导师的要求参与生态减灾文献综述的数据收集,撰写了报告《灾害与环境国别研究——缅甸》,起草了《中国黄土高原退耕还林还草工程案例分析》。其中,《灾害与环境国别研究——缅甸》令导师颇为赞赏。在起草《中国黄土高原退耕

还林还草工程案例分析》时,我感觉到中国在生态减灾方面其实已有许多优秀的政策和实践经验,例如通过退耕还林减少干旱和洪涝灾害,却不被国际社会所了解,能查到的资料大多是中文的,少有英文文献,讲述方式也不适应国际传播需要,缺少鲜活的故事和发人深省的结论。尽管当时我尽自己最大努力完成了这份报告,但国际上关于中国优良政策实践的分析和传播还是太少,能够对外讲好中国故事的人太少,这是多么令人遗憾的事!在环境治理方面,需要更多的中国人参与国际讨论,宣传中国成功的实践经验和政策方法,提升我国在这个领域的国际话语权和影响力,进一步改善国际形象。

2. 人物篇

我当时的实习导师叫玛丽索尔，是位优雅的菲律宾女士。她脸上常常挂着微笑，见到同事和实习生都很热情地打招呼。也许是因为同为亚洲面孔，我和她交流以及汇报工作，总觉得十分亲切。她指导工作时总是循循善诱，从来没有说过重话。而且她非常敬业，哪怕是在休假期间，也及时地反馈关于每周新闻简报的修改意见。

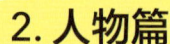

在刚开始做宣传工作时，我对生态减灾的科学性有一些疑问，她听到后没有着急，而是耐心地向我讲述了她曾经在一次国际会议上说服一位部长接受这个概念的经历。那位部长和我有着同样的疑问，在听到她的解释以后，最终投了赞成票。其实，玛丽索尔当时在联合国系统的级别仅是专业类三级，但却有和部长对话的勇气与实力，我顿时对她心生敬仰。在国际组织工作，不仅要有扎实的理论和研究功底，还需要对所从事的工作信仰坚定，更要掌握在国际场合斡旋和磋商的外交策略与技巧。

玛丽索尔的生活很有规律，也很有情调。如果在下午6点之前下了班，她基本上都会在日内瓦湖边跑步。我有一次在湖边公园碰见了她，她穿着运动装，戴着发带，一副活力四射的样子，完全不像三个孩子的母亲。她的丈夫在红十字国际委员会工作，从事的也是和灾害管理与人道主义相关的工作，据说是一位西班牙帅哥，还曾在铁人三项运动比赛中拿过奖。他们是在英国读书时认识的，后来她的丈夫随她到了菲律宾。玛丽索尔最初在非政府组织工作了五年，之后来到欧洲，加入了环境署，中间还因为工作原因到好几个国家常驻，以至每个孩子都是在不同的国家出生。也许在很多人看来，在国际组织工作需不定期地拖家带口移居他乡，总是要告别安稳生活，适应新的环境，但玛丽索尔似乎已经接受、适应并享受这种状态。

我们部门有一个传统，就是每周五早上大家都带着早餐到办公室一起分享，据说这个传统也是从玛丽索尔来到环境署之后开始的。当时一起实习的一位印度博士生带来了她亲手制作的印度传统甜点，是一种类似香蕉但没什么甜味的水果，配上特制的酱汁，非常好吃。玛丽索尔有一次也带来了自己做的三文鱼面包，搭配小茴香，香气扑鼻。我也不甘落后，前一天晚上在家里做了羊肉饺子，周五早上带过去，没想到饺子皮都烂了，我特别愧疚，一直和他们说抱歉，但同事们一点也不介意，一下就把饺子抢光了，还不停地夸我手艺好。周五的早餐会也成了我们分享有趣经历的跨文化交流空间，让我们这些独居异乡的实习生有了某种归属感。

一起实习的还有两位法国学生，其中一位还是巴黎政治学院的校友。但她一开始对我并不十分友好，表面上客客气气，实际上却不愿与我多交流。直到有一次，印度实习生邀请我们一起去公园玩，玩得很愉快，她才第一次敞开心扉，问我"认为自己的国家和执政党在人道主义方面做得如何"。我想她可能是从小受到一些西方媒体和书籍对中国的负面评论的影响，对中国抱有诸多偏见。我便仔细和她讲中国政府做了哪些为人民谋福祉的事，还解释说中国改革开放以来，让5亿多人民脱离了贫困，这便是最大的人道主义。她听了以后似乎有种醍醐灌顶的感觉，从此我们之间也多了一些坦诚和理解。

与我同时期实习的还有几个中国人，我们虽在不同的部门，但关系很好，周末经常约出来见面。在日内瓦有一个实习生群，每周组织聚会，在那里可以认识更多来自世界各地的实习生。有一次，我组织日内瓦的十几位中国实习生，包括来自环境署、国际电信联盟、世界知识产权组织等国际组织的实习生，在日内瓦湖边的一片沙滩上野餐。野餐之后，环境署的几位实习生主动承担了清理垃圾的任务，拖着沉重的垃圾袋，走了将近一公里扔到附近的垃圾场，在夜晚的微风中，我们边走边唱着歌。当时其他小伙伴都夸赞道："不愧是环境署的实习生！"我们听到后心里很自豪。那几位一起在环境署实习的中国朋友，后来也一直保持着联系，有两位读了博士，从事着和环境问题有关的研究。

3. 生活篇

  在联合国实习有一个很大的问题，就是没有劳务报酬。中国留学生因为有国家留学基金委员会提供的奖学金，每月有一定的补助，但是在世界高消费城市排名前三的日内瓦生活，仍然捉襟见肘。我当时住在挨着日内瓦的法国小镇菲尔内，和同样在日内瓦实习的中国朋友合租两层独栋楼房中的一间大卧室，菲尔内的消费水平低很多，房租大概比日内瓦市区便宜一半，不足之处就是通勤时间较长，每天要乘坐 50 分钟公交车，穿过法国和瑞士的国界线去上班。我们每个周末都会去菲尔内的一家超市买来一周的食材和生活用品，自己做晚饭，可以省不少钱。虽然环境署楼下的咖啡厅提供午餐，但实习生们都是在家做好午餐带去办公室。我们平时很节省，偶尔出去和朋友聚会，下一顿馆子，就感觉很满足。

我们还从新闻中了解到，一位来自新西兰的联合国实习生因为没钱租房，在日内瓦湖边的草坪上搭起了帐篷，每天在那里过夜，这成了大家茶余饭后的一个话题。实习生们一边抱怨着联合国机构不发工资，另一边却很珍惜来到这里实习的机会，也许这本身就是个悖论。很多人进入联合国工作，都是从实习做起，再寻找联合国志愿者或者临时顾问的工作机会，成为一年一签约的合同工。往往要等好几年，才可能有机会申请成为正式员工，拥有"国际公务员"身份。保持这份耐心和定力等待下去并非易事，唯有为国际公共事业奉献的热情方能支撑。

在联合国环境规划署实习的这段经历，虽然短暂，却让我对国际组织的工作环境和工作方式有了切身的体会，对"国际公务员"这份职业有了较为直观的认识。约君切勿负初心，知行合一，止于至善。借此笔谈，与您共勉。

作者简介
About the Author

王莹月，北京外国语大学国际组织项目班国际关系与国际政治方向 2016 届毕业生，同年取得巴黎政治学院环境政策硕士学位。现就职于国务院发展研究中心国际合作局，从事智库外交和政策研究相关工作。参与著作《"一带一路"国际合作机制研究》的撰写，曾在《法语学习》杂志发表文章。

布鲁塞尔的盛夏
——国际智库给我的国际历练

郑运刚

那是2015年的一个燥热的午后,几十年一遇的热浪席卷着整个欧洲,我还是比利时布鲁塞尔自由大学欧盟研究专业的硕士研究生。由于租住的小单间闷热难耐,我被迫抱着电脑跑到楼下街角的小咖啡馆,一边避暑一边写着毕业论文。咖啡馆里嘈杂不堪,破旧的风扇吱吱呀呀地吹着热风。突然,一封来自欧亚关系研究所的邮件蹦了出来。"Welcome on board!"邮件开头几个字首先进入我的视线,四年多过去了,我依然记得那一刻的兴奋与激动,夹杂着过往一年的辛酸苦楚,难以言说。就这样,在布鲁塞尔的盛夏梦想实现,我开始了在欧亚关系研究所的实习生涯。

欧亚关系研究所是一所位于欧盟总部布鲁塞尔的知名智库，聚焦欧亚关系研究，定期发表相关报告，组织论坛、研讨会等学术活动，致力于增进欧亚大陆相互理解，为从事欧亚交流的专业人士提供新鲜信息和深入分析。

欧亚关系研究所紧邻众多欧盟总部机构，经常邀请欧盟高级官员和知名学者参加研讨会。我第一次近距离接触研究所便是在它举办的关于中国"一带一路"倡议的研讨会上。那时，我刚到布鲁塞尔不久，与会者都是该领域的学术大咖和高级别官员，会上的"头脑风暴"、激烈且不失理性的辩论让还是欧盟研究专业初学者的我感到无比震撼，教科书上抽象的国际政治理论就这样生动地展现在我面前。当时我心想，如果将来能够在欧亚关系研究所实习，结识学术大咖，深入了解欧盟及欧亚关系，将是多么幸运和幸福的事，从此这颗种子就埋在了我心底。

1. 为伊消得人憔悴

2014年，我来到布鲁塞尔自由大学欧盟研究学院，攻读欧盟研究历史文化方向硕士学位。我深知，作为刚入门的学生离欧亚关系研究所实习生还有很大差距，尤其是在研究能力和表达能力上，为此我做了针对性的准备和练习。由于我参加的是北京外国语大学和布鲁塞尔自由大学联合培养的硕士项目，我到布鲁塞尔后直接攻读研二的课程，无奈错过了研一阶段的很多欧盟研究基础课程，而且研二的课程设置多侧重历史文化方面。为了弥补基础知识的不足，在一年时间里除了完成研二必修课程外，我还选修了几乎所有研一的必修课程，从欧盟政治、欧盟法、欧盟外交到欧盟谈判等，如饿狼扑食般恶补专业知识。

此外，为增强研究及写作能力，我报名参加了学院期刊编写小组，定期撰写有关中欧关系的文章，如撰写并发表了有关中欧贸易摩擦、中欧在非洲的贸易竞争、"一带一路"倡议等文章。为锻炼口头表达能力，在欧盟谈判模拟课上，作为唯一一名非欧盟国家学生，我代表比利时就欧盟移民法规的修订据理力争，极大地锻炼了表达能力，此外还顺利取得了法语学习证书（DALF C2）。

这一年过得飞快，异常辛苦，但充实满足，我的专业知识水平得到了很大的提升。2015年6月，当看到欧亚关系研究所招聘实习生的通知后，我毫不犹豫地投递了实习申请。经过主管面试，最终顺利进入研究所实习生计划。

2. 往事悠悠容细数

2015年6月底，我在欧亚关系研究所的实习正式开始了。研究所紧邻欧盟总部大楼，我的办公桌挨着窗户，视野极佳，抬眼就能看到欧盟总部。同事们来自世界各地——意大利、丹麦、荷兰、英国、美国、韩国、菲律宾、中国等，各国的知名学者也会定期前来进行短期的驻所交流。

我在研究所里的岗位是青年研究员，主要负责协助撰写调研报告、组织研讨会、网站运营等工作。

实习期间，我主要参与撰写了一份关于欧亚大陆如何实现互联互通的调研报告。报告聚焦在中国"一带一路"倡议下，中国如何对欧洲基础设施建设领域进行投资。该报告由中国驻欧盟使团委托研究所撰写，以便为中国同欧洲的投资谈判以及中国"一带一路"倡议如何与欧洲容克投资计划进行对接提供专业参考。由于在校期间我曾就此问题做过研究，撰写过专门的文章，所以对这个话题并不陌生。不过有别于之前撰写的期刊文章，这次的调研报告需要更多数据支撑，研究领域更为集中,尤其涉及欧盟在基础建设领域的相关法规、准入门槛、潜在机遇等,内容要求非常高。经过和同事们近两个月的日夜奋战,报告最终在8月末完成,得到了中国驻欧盟使团的充分认可。现在回想起来,能为中欧深化合作尽一份力,我依然感到非常自豪。

此外,我还参与组织了相关研讨会,如尼泊尔应对大地震的国际研讨会、朝鲜人权问题国际研讨会、欧洲如何看待中国"一带一路"倡议研讨会等。同时,我也负责研究所网站的内容更新,定期撰写行业相关热点新闻,如希腊公投对亚洲股票市场的影响、2015年中国股灾对当时经济的影响等,并负责维护、更新研究所的新浪微博账号。

除了丰富的工作内容,共事的同事也同样精彩。虽然在大部分工作时间里,同事们都不苟言笑,专心致志地忙着手里的报告和课题,很是严肃,但是到了午休时都仿佛换了个人似的,有说有笑地结伴出门"觅食"。通常我们会去楼下拐角处的希腊三明治餐厅,点上一份特色鱿鱼三明治和一杯意式黑咖啡,溜达到旁边的小公园,坐在落有树荫的草坪上天南海北地聊天。有时候因为文化差异,我还会闹出笑话。有一次午餐结束,我回到办公桌前习惯性地趴在桌子上休息了一会儿,西方的同事没有午休习惯,看到我"难受"地趴在桌子上一动不动,以为我不舒服,差点叫来了救护车……

在研究所的日子过得飞快,一眨眼三个月过去了,临别时同事们为我举办了简单的欢送会,我们还一起调皮地拍了张鬼脸合照。

3. 感悟分享

转眼间,结束在欧亚关系研究所的实习已经四年有余,可是在那个布鲁塞尔盛夏发生的故事依然历历在目,仿如昨日。很高兴能够将那一段经历记录下来,最后还有几点感悟与大家分享。

首先,国际组织囊括的范围很广,不仅包括政府间国际组织,还包括众多的非政府国际组织以及智库。非政府国际组织和智库是国际社会的重要组成部分,是全球治理不可或缺的积极参与者。在其中实习和工作同样能实现人生价值,捍卫国家利益。比如,我在欧亚关系研究所的韩国同事就受到韩国驻欧盟使馆的资助,一来方便韩国了解欧盟内部动态,跟踪欧盟对涉朝鲜半岛事务态度;二来在必要时帮助韩国从非官方渠道发声,与官方渠道形成互补,从而起到事半功倍的效果。

其次,选择进入国际组织实习,有时需要抵御很多现实诱惑,有时还需舍弃很多东西。如果最终决定未来将从事国际组织工作,需要坚定且勇敢的心。进入国际组织工作往往需要从实习做起,然后慢慢转正,周期比较长,实习期大多是无薪的。此外,进入国际组织工作需要在世界各地奔波,这很可能导致你与家人两地相隔。因此进入国际组织工作前,需要综合考虑自身及家庭情况,权衡利弊。一旦做出进入国际组织的决定,就需要有咬定青山不放松的劲头,满怀热忱,一往无前。

再次,国际组织入围选拔异常激烈,你们会遇到与全球各国精英的激烈竞争,而往往他们在语言、文化融入上比中国人更具优势。为了能够脱颖而出,我们需要对自身有一个清楚的判断,认清自身优劣势,确定奋斗的方向,并进行针对性的训练和自我提升。对此,我有三点体会:第一,在欧亚关系研究所实习的日子里,我明显感受到跨文化交流能力的重要性。有时我们对中国事务很了解,但是对世界各地的风土人情、思维习惯仍然认识不足，往往导致和同事的交流无法深入。第二，在智库或者其他国际组织工作，时刻离不开报告写作，因此外语（尤其是英语）的专业书面表达能力至关重要，而这往往是我们的短板，需要做针对性的训练和提升。我非常建议大家定期起笔，强化思维能力和表达能力。第三，虽然国际组织工作听起来光鲜亮丽，但是和其他工作一样，也是纷繁复杂，既要仰望星空又需脚踏实地。比如我在研究所实习期间，不仅负责参与撰写调研报告这样的核心工作，也得定期维护网站、更新网络媒体信息、布置会场，甚至维修打印机等等。因此建议学弟学妹们在课余时间多多涉猎，争取技能傍身，成为工作的多面手。

以上是我的经历和感悟，希望能够为学弟学妹提供参考，也祝你们学业有成，梦想成真！

作者简介

About the Author

郑运刚，北京外国语大学国际组织项目班国际关系与国际政治方向 2016 届毕业生，期间取得比利时布鲁塞尔自由大学欧盟研究历史文化方向硕士学位。现就职于中国北方工业有限公司欧非部，任商务经理，负责法语区非洲区域市场开拓事务。曾深入撒哈拉沙漠腹地、赤道热带雨林深处，为非洲的和平和安全带去中国解决方案。

在国际组织工作,是经历更是责任

胡嫱

1. 初入国际组织:联合国难民署

第一次进入国际组织工作,是临近本科毕业时,一个偶然的机会,我了解到联合国难民署中国办公室在招募实习生。当时正值叙利亚难民危机突发的高峰,许多欧洲国家面临着大量中东难民涌入,是否接纳与如何接纳都是很复杂的问题,难民问题也成了国际热点问题。从高中开始参加"模拟联合国"活动,也一直对公共事务感兴趣的我,对于联合国难民署的工作非常关注。当时也面临着对未来的职业选择,人道主义援助正是我感兴趣的领域,因此就投递了简历,后来

顺利通过面试，这是我第一次在联合国机构工作。

　　我在难民署工作时的职务为保护组实习生，保护组直接承担与寻求庇护者以及难民的沟通、提供庇护等工作。这段经历让我第一次体会到联合国机构国家办公室的工作氛围。与联合国总部对机构策略、资源等进行整体规划不同，国家办公室往往着重在本国开展项目，负责机构计划的具体实践与落实，因而体现出实践性强、承担一线工作的特点。这份工作让我感受到一份特别的责任感。虽然是实习生，但也需要直接与寻求庇护者以及难民沟通，他们有什么问题，往往是由实习生首先进行接洽。所以，了解机构的宗旨、了解自己能够提供哪些帮助以及不能够以机构的立场进行哪些错误的引导，对于我而言非常重要。因此，在进入难民署后，我对于难民署的宗旨、工作领域、工作方针进行了深入的了解，也进一步体会到国家办公室在前线开展项目的不易之处。

　　从实习体验上来说，令我高兴的是这份工作给予了实习生参与机构核心事务的机会，让实习生承担了重要的工作职责。我想，对于想要进行实习的学弟学妹们来说，提前了解好实习工作的内容、认真考虑自己能否从一段实习中学习与成长，也是一件很重要的事情。有一次，由于单位装修需要暂停对来访的寻求庇护

者的接待工作，那么如何及时与他们沟通以调整接待时间，并根据临时的时间变动而调整接待方案，就成了实习生直接面临的、需要给出解决方案的问题。在工作中承担更多的任务与责任，也意味着更多的历练与成长。回顾这段经历，我觉得勇于利用实习去探索、了解一份工作是否与你的职业展望相同，你又是否会对这样的工作感兴趣，对于在校生来说是一种很好的尝试，也有助于增强我们对社会现实与即将在工作岗位上承担的责任的了解。

2. 暑期实习：联合国开发计划署

在北京外国语大学国际组织项目班学习的第二年，我去往美国攻读第二硕士学位，得以在暑假期间向联合国纽约总部投递了实习申请。这份实习与以往有所不同。我所在的部门是联合国开发计划署中负责与各成员国沟通、维护伙伴关系的部门，同时也是帮助机构获取更多资金与资源的部门。因此这一段的实习工作与之前在难民署相比，多了许多对机构宏观新闻的追踪、宏观数据整理、政策分析等内容，对英文写作能力的要求也大大提高。这段工作让我体会到，在联合国总部实习与工作，不仅要对项目层面的工作情况有所了解，还要从总体上分析归纳，提炼出有效信息帮助决策。简言之，既需要发散性地看待机构的工作，又要通过精确有效的写作进行表达。

总结来说，联合国机构的工作由于所在地域及关注领域的不同，性质有很大的差异。例如，不难想象同为难民署的工作，在中国开展与在欧洲国家开展会面临完全不同的工作环境与侧重点；而同为开发计划署的工作，在某一国家开展具体的扶贫或气候相关项目，与在总部的宏观行动协调，也会有不一样的侧重点。要全面了解联合国下设机构的工作，就需要深入了解其宗旨及其在各国不同的社会环境与政策。而要了解某个机构的整体情况，就必须对该机构在各国的具体项

目有一定认识,这也是联合国总部工作的基础。

同时,各机构虽然侧重点不同,但由于国际发展工作所呈现的各领域相互影响的特点,其工作内容往往是多面化的。例如,难民署主要处理难民事务,难民问题依照不同的产生原因(地区安全、气候变化等)分类;开发计划署则不仅关注某一个特定领域,而是同时开展着与贫困、性别平等、气候变化等多个领域相关的工作。国际组织的工作,也是由人力资源、运营、传播、项目开展到资源规划等等相互支持的部门组成,环环相扣。

最后,国际组织的工作也一样会面临难题,例如这几年来比较突出的资金不足、人员裁减等问题,又如始终存在的工作程序繁杂、耗时较长等等。因此,要进入国际组织工作,首先要把握机构发展的动向。

3. 一点建议

积极参与国际组织工作是好事,但不论是实习,还是长期的职业规划,都应该认识到自己作为机构的一分子需要承担的相应责任,积极地为机构的长期发展做出贡献。尤其对于仍然在校学习、尚未有过全职工作经历的学生而言,往往容易满足于单调地完成领导布置的任务。其实所有的工作，都可以通过拓展、提升自身能力而做得更好。对于机构而言，只有能够承担一定工作责任、体现出堪比正式员工的工作能力的实习生，才能真正发挥作用、带来价值。而实习的过程，就是不断学习、提高自身能力，将看似简单的工作完成得更加出色的过程。

近年来，我国对于进入国际组织实习的人才提供了大力资助，这对于想要了解联合国工作，尤其是海外联合国机构的同学而言，是一个很好的拓宽视野、增强实践能力的机会。从近些年的情况来看，如果想成为联合国的正式员工，根据其对最基础的专业类二级员工的要求，至少需要硕士学位及两年的全职工作经验或是本科学位及五年的全职工作经验，这对于初出校园的同学来说是一个不低的门槛。不少初入联合国工作的人员，都是从项目顾问做起，积累了一定的工作经验之后，找机会成为联合国的正式员工。如果未曾有过全职工作经验，留任的概率很小。因此，如果有留任意愿，则应该了解所在机构以及意向岗位对员工背景的最低要求，并做好相应的规划与准备。

衷心希望所有关注联合国工作与国际热点问题的学弟学妹们，能够通过相关经历拓宽视野，同时对自己的职业规划做出认真思考，了解自身兴趣与所长，设定目标并朝之奋斗，实现职业理想。

作者简介
About the Author

胡嫱，北京外国语大学国际组织项目班国际关系与国际政治方向2020届毕业生，于2019年取得纽约大学公共管理硕士学位，曾于联合国难民署中国办公室、联合国开发计划署总部实习。在联合国开发计划署实习期间就职于对外关系与联络处，该处主要负责与政府合作伙伴的关系维护及相关政策的分析研究。

国际组织需要什么样的你和我？

王卉妍

2014年秋季，正忙于硕士毕业论文写作与求职的我偶然看到了国家留学基金委员会发布的一则消息：面向全国高校应届生开放联合国教科文组织公派实习人员的申请。这是我们国家首次通过公派留学的形式向国际组织输送实习人员。那时的我对国际组织虽有憧憬，却总觉得离现实太过遥远，能够去国际组织工作更是难以想象的事情。好在我的老师坚信这是个值得尝试的机会，不断地鼓励我和同学报名申请，我因此才有了后来和联合国教科文组织的缘分。

说到这里，就不得不提一下我的硕士学习经历：北京外国语大学国际组织学院，当时还称作"探索国际组织需要的复合型人才培养模式"硕士研究生项目。说来也巧，我是这个项目的第一届毕业生，但在大三的暑假，我对国际组织的了解还仅限于它们的名字。在本科辅导员的建议下，我阴差阳错地申请了这个硕士项目，结果还因为忘记在申请表格上贴照片险些错过了申请时间。现在想来，我真是幸运，在读书生涯中遇到了很多良师益友，没有他们的建议和帮助，我的求学之路不会这么顺利。

国家留学基金委当时的选拔分为两轮：笔试和面试。时隔已久，具体考核的题目我已经记不太清楚。依稀记得笔试是两篇英语公文写作，面试是几位非常和蔼的专家问了几个关于申请动机、个人经历、团队合作的问题。说实话，当时没有特别准备，一是没有学长学姐的经验参考；二是找工作的过程中已经准备了一些常规的面试问题。面试氛围很轻松，考核完也没有抱太大期望。几个月之后，我突然收到了国家留学基金委的录取通知。由于工作原因，毕业后我从北京外国语大学借调至教育部学位与研究生教育发展中心，参与了高等教育跨境质量保障、学分转换、资历互认、国家资历框架等相关工作。感谢那一年多的工作经历，将我带入了高等教育的大门，于是在联合国教科文组织统计实习意向时，我向人力资源部门申请了总部高等教育处的实习岗位。2016年7月，我开启了为期半年的实习生活。

回顾那段经历，不管是知识的丰富、经验的积累、眼界的开阔还是对人生的启发，都让我获益良多。在那半年时间里，我还有幸参加了一次正式工作的招聘面试，虽然后来还是选择了国内的工作，但我从中收获了很多。回国之后，我在北京外国语大学研究生院继续高等教育领域的工作。下面我将结合自己的求学经历和工作体会，谈一谈我所认为的国际组织人才需要具备的素质。

1. 国际组织人才的素质要求

在联合国官网上，我们能找到对"国际公务员"要求的基本描述，除了通常能想到的诚实、坦率、公正、廉洁、忠诚之外，尊重人权、尊重男女平等，具有包容性、独立性，不抱有偏见、不歧视他人也是十分重要的品质。

当然，在一家国际化的机构工作，熟练掌握一门或多门外语是必不可少的技能，这便是我要说的第一点。虽然中文是联合国的官方语言之一，但众所周知，工作中使用频率最高的仍是英语。由于联合国教科文组织的总部坐落在巴黎，有相当一部分员工是法国人，因此法语也是较常使用的工作语言，有时使用范围甚至比英语更广泛。开始实习之后，我发现大部分部门的秘书和行政管理人员都是法国人或法国移民，在交流时他们往往更愿意说法语，那时我一方面庆幸自己的本科专业是法语，另一方面也觉得无论书本的知识学到多少，终究要在实际沟通中磨炼自己。我上司的秘书是位来自非洲的女士，平时讲话语速很快，还带着一些俚语，和她在一间办公室的我从第一天起就像做法语专业八级听力练习一样，要随时随地仔细提取重要信息。好在她非常耐心，与我说话时会放慢速度，有时担心我没有听懂还会再和我确认一遍。很快，我熟悉了她的语速和用词，也意识到遇上听不懂的一定要提出来，千万不要不好意思，对方一定会帮助你。在和她的交流中，我快速了解到了部门的基本情况、角色分工、各科室的工作领域，还有她作为老员工的经验，这对于新人来说是非常大的帮助。因此，多掌握一门语言便能帮你多打开一扇门。

第二点，我认为是团队的协作和相互支持。作为实习生，我常常会接到上司甚至是部门主管交付的临时任务，比如就一个主题制作幻灯片或是起草一份文件，有些资料是现成的，另一些则要自己收集，这时候就需要求助其他同事。记得有一次，我需要关于全球公民教育和女童教育的信息及数据，在联合国教科文组织官网查找无果后，我通过秘书联系了相关部门的同事，给对方发去邮件之后很快就得到了反馈。后来我发现，大多数同事都十分乐于助人，即使对方是个实习生，也不吝啬信息和经验的分享，这充分体现了国际组织包容平等的氛围。这里不得不提一下教科文组织的咖啡文化，相信其他联合国机构也大同小异：每天开工前或是午休时，餐厅的咖啡间都非常热闹，你能看到不同部门的同事在这里交流。我也曾和本部门以及其他部门的同事在那里聊过工作困惑、生活启示和人生理想，绝对是不同部门间增进了解、交流感情的一种有效方式。

第三点，是良好的时间管理能力，或者说多任务推进工作的能力。教科文组织的工作时间相对灵活，工作自主性比较大，因此对近期、中期和长期的工作进行规划是很有必要的。举个例子，作为实习生，我的近期工作计划可能是起草一封会议的邀请函和编写一份高等教育项目的信息手册；中期工作计划是敲定某个会议的举办时间和与会人员，协助秘书安排会务；长期计划是阅读学习高等教育质量保障的文件资料，和同事一起完成一份项目报告。与此同时，可能还会有临时布置的校对出版任务，或是记录教科文执行局大会的某次会议内容。如果没有合理的规划和时间分配，可能会手忙脚乱，打乱自己的工作节奏，影响工作效率。

除了上述三点，还有几个我认为同样重要的素质，也是《联合国教科文组织胜任力框架》中提到的几项。首先是对多元性的包容，这是教科文组织十分重视的价值观。无论你来自哪个国家、有着怎样的文化背景、是什么性别，在工作中都应该得到尊重，不因自己的不同受到歧视。那么在与来自多元背景的同事共事时，大家如何能相互理解以促进工作的顺利进行呢？这就引出了下面一点：沟通能力，或者说跨文化交际能力。随着工作的推进，我发现由于思维方式、文化背

L'UNESCO salue M. Ban Ki-moon
18 novembre 2016

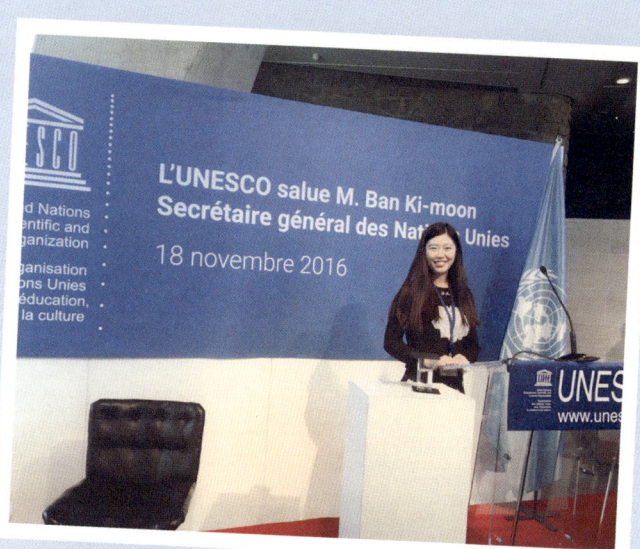

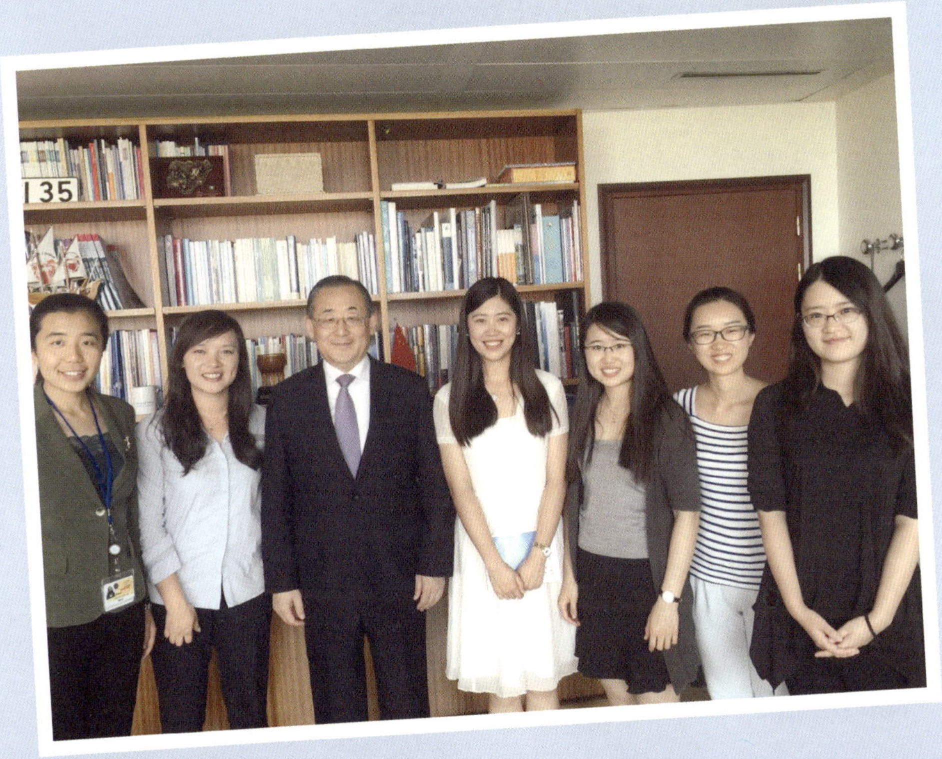

景和语言习惯的不同，有时双方并不能在第一时间明白彼此的用意，或是立刻解决问题。对此我认为需要做到两点：一是尽快熟悉工作中的专业术语；二是对于不清楚的地方，及时询问或是向对方解释明白。最后一个重要素质是时刻保有学习、反思及创新的能力。国际组织的工作往往需要解决世界范围内的大小问题，这看似是个很宏观的目标，但当你仔细查看联合国教科文组织的网站，会发现无数的信息、数据、活动，都是自己从未了解的领域。在国际组织工作本身就是终身学习的过程，而反思恰恰是学习过程中发现问题、解决问题的钥匙。只有在反思中学习，方能从日常工作中找到新的角度，为遇到的问题打开新的解决思路。

2. 国际组织学院的培养模式

上文中提到，我是北外国际组织项目班的第一届毕业生，毕业后又继续从事研究生管理培养工作，国际组织学院也从当年的"试点项目"变成已有五届毕业生的实体学院。回望三年的学习生涯，我不得不感叹母校当初设计项目的战略性和前瞻性。作为国内首批系统培养国际组织储备人才的大学，北外在整合校内法律、政治、经济等非外语学科的资源，结合学校传统的外语学科优势的基础上，在探索复语、复合型高端人才的选拔机制、中外联合培养机制、国际组织实习就业导向等诸多方面进行了率先试点，积累了较为成功的经验。

首先是选拔机制的创新。国际组织学院每年举办学术夏令营，向全国高校的大三学生开放申请，通过外语能力测试、演讲比赛、口译比赛、圆桌面试等方式，选拔出具有出色外语水平的专业人才，以保送形式进入国际组织学院。其次是培养机制的创新。国际组织学院采用"1+1+1"的基本学制，即第一年学生在国内进行系统的课程学习，包括国际法、国际经济、国际政治和国际关系等相关课程，同时对英语和法语进行针对性强化；第二年鼓励学生赴国外高校学习，争取完成学位申请。对于学校的选择，学生有充分的自主权。截至2020年，已有相当一部分学生被剑桥大学、牛津大学、哥伦比亚大学、伦敦政治经济学院、巴黎政治学院、布鲁塞尔自由大学等国际知名学府录取，并取得了硕士学位；最后一年，学生在撰写毕业论文的同时，还要进行不少于三个月的国际组织实习，一些学生选择国际组织在国内的办事处，另一些则利用海外学习的时间完成实习。可以看出，国际组织学院致力于培养和储备具有中国情怀与国际视野的复语、复合型，通晓国际规则，富有创新、合作精神，具有出色的跨文化沟通能力，掌握国际法、国际政治与国际关系、国际经济与金融领域的专业知识和技能，能够在全球化竞争中把握机遇并胜任国际组织工作的高端人才。

到教科文组织实习之后，我才发现，当初的课程学习、在海外攻读学位的经历、参加的实习工作，每一步都是必不可少的。记得英语辩论课上我们对气候变化、男女平等、社会财富再分配问题的激烈讨论；记得国际法课上老师对黄岩岛问题绘声绘色的讲述；记得国家能源战略课上老师给我们介绍的碳金融和清洁发展机制；记得学校特意聘请了曾为欧盟工作30多年的资深译员，为我们讲述欧盟等国际组织的历史演变和发展革新；记得英语口译课上对着国际组织文件中一串串数据犯晕；记得在英国读书时和来自美国的非裔同学以及哥伦比亚外交官一起完成小组作业，从意见分歧到彼此说服，最后作业拿到了"优秀"……这一切看似细微的学习环节，都潜移默化地帮助我们构建了复语、复合型的技能框架，为日后申请国际组织实习打下了根基。

今天，国际组织的重要性不言而喻，各国在区域和国际组织中的博弈与合作从未停止。中国正在以更加开放的姿态参与多边合作与全球治理，通过国际平台发出中国声音。当今的世界，和平与发展虽是主旋律，却也充斥着杂音，粮食安全、网络安全、能源博弈、气候变化、恐怖主义都是人类面临的共同挑战。许多国际组织在区域和全球治理问题上呼吁各国同心齐力，却同时面临经费不足而不得不裁员的窘境。作为负责任的大国，中国为国际社会贡献力量义不容辞，而首先需要做的就是鼓励更多的年轻人去国际组织工作，改变长期以来国际组织中中国籍职员比例过低的境况。高校作为高层次人才培养的第一战线，应以"双一流"建设为抓手，强化学科发展与专业化人才的培养，除了专业知识外，应注重在课程和教学中融入国际组织工作的特质、能力与技能培养，并继续探索为学生搭建国际组织实习平台的途径，为国家储备国际组织人才时刻准备着。

作者简介

About the Author

王卉妍，北京外国语大学国际组织项目班国际经济与金融方向 2015 届毕业生，同年取得英国伦敦大学学院国际公共政策硕士学位。2013 年作为中国青年代表参加联合国教科文组织第五届世界青年论坛，与来自世界各国的 150 多名青年代表共同撰写了《2014—2021 年青年发展战略建议书》，该建议书于同年 11 月提交给联合国教科文组织大会审议通过。2016 年成为国家留学基金委员会第一批国际组织公派实习生，赴联合国教科文总部高等教育处实习。

回望美丽的天际线
——我在国际劳工组织的实习经历

张帅

若不是进入北京外国语大学国际组织学院，无论如何我也想不到，一个普通家庭的孩子会与联合国产生任何联系。

三年前，经由北外推荐，我获得了公派留学的机会，进入纽约大学学习。这是我第一次走出国门，难免有一些不切实际的幻想。然而，现实与想象还是有太大的反差。纽约街头的流浪汉、老旧的基础设施、无休无止的道路施工、昂贵的医疗费用等各种问题让我开始重新审视理想与现实的差距。一次去华盛顿特区旅游时，已入寒冬，就在离国会大厦不远的街道上，几个流浪汉蜷缩在路边的网状井盖上睡觉，从井盖下冒出的热气在空气中瞬间凝结成白色的水蒸气，即使隔得很远，也能听到井盖下传来的地下管道的巨大轰鸣声，井盖成了这座城市户外为数不多的温暖区域。国会大厦圆顶的灯光就在不远处亮着，但它却很难照到这里。

我的专业是国际法，可能与专业有关，获得去联合国实习和工作的机会成了我与身边大多数同学共同的愿望。纽约联合国总部大楼坐落在曼哈顿东河岸边,来纽约读书让我第一次近距离地观望这座从小储藏在心中的图腾建筑。它绝不是一栋设计新奇的建筑,放在纽约众多的高楼大厦中,你可能不会因为它的建筑风格而注意到它。但它无时无刻不在汇聚全世界的焦点,每次路过,你都会注意到与它合影的游客、寻找最佳拍摄角度的记者和一些游行示威的抗议者。人们将希望寄予了它,这可能是联合国最大的魅力。

  申请联合国国际劳工组织实习时,我的父母正好来纽约看我,他们的支持和期待给了我不少力量。其实在申请这份实习前,我已经申请了十多份联合国的实习,基本上每一份都石沉大海,杳无音信。当时,陪同父母游览纽约的我,随他们一起进入联合国内部参观。他们跟我一样兴奋,我们参观了联合国大会堂、经济社会理事会、托管理事会等会议厅,还看到了中国向联合国赠送的"世纪宝鼎"。我跟父母在联合国会议厅里合了影,他们一直说希望我以后有机会能在联合国代表中国发言。我微笑着点头,想要掩盖之前那些实习申请失败的失落。我不想让他们失望,对联合国实习的热情和好奇心快要因一次次拒绝丧失殆尽时,我又一次投出了自己的简历。对这次申请,我也并未抱有太大的希望,以至于两个礼拜后,当收到国际劳工组织的笔

试和面试通知时,我有一瞬间感觉到了些许不真实。笔试和面试进行得比较顺利,不出三天就收到了通过考核的邮件。我马上将消息告诉了我的父母,尽管相隔万里,我也能从听筒的这边感受到他们的兴奋与喜悦。

我实习期间的上级叫凯文,是一个土生土长的纽约人,他让我在实习中收获颇丰。我的主要工作是跟进联合国第72届大会和第三委员会与劳工组织相关的议题,并撰写分析报告。联合国第三委员会主要负责社会、人道主义和文化相关议题,具体包括人口贩运、性别平等、现代奴役、强制劳役等。在开始这份实习前,我对上述概念基本一无所知,我需要迅速弥补自己知识上的短板,跟上工作节奏。凯文无论多忙,都会在我需要帮助的时候解答我的各种问题,并能抽出时间来跟我聊聊工作和未来规划。每每说到工作,凯文总是滔滔不绝,我向他请教问题,他总能帮我延伸出更多要点,给我提供一个更加全面的视角。凯文是一个有使命感的人,这种使命感与他的工作完美地契合在一起,成为他工作的最大驱动力。

我的另一项工作是跟进了解联合国第三委员会与国际劳工组织有关的决议草案谈判情况。谈判并非易事,每一份决议草案通过的背后

都凝结着各个国家数月甚至数年的博弈和努力。凯文每天早上会跟我一起过一遍联合国当天的会议日程表,并分配一些跟国际劳工组织有关的谈判会议让我去参加,嘱咐我做好会议记录。这项工作对我的英语听力是一次历练,各个国家的代表都有着不同的口音,我需要在理解内容的基础上迅速提炼要点,稍不留神就会忽略掉一些代表的重要发言信息。慢慢适应后,我意识到,在记录的过程中,要做到有所取、有所舍,抓住重点信息。除此之外,我还要就一些议题的重要信息与各国代表进行沟通,阐明国际劳工组织的立场。因而我必须不断跳出自己的舒适圈,而这种改变和尝试本身就是一种成长。

联合国的工作环境是非常多元化的,"尊重多元"也是联合国对应聘者提出的要求之一。我所在的国际劳工组织纽约办公室一共有九名员工,分别来自七个不同的国家,他们具有不同的文化背景、语言习惯、生活习俗,但共同点是共同的工作使命。这是一件神奇的事,它能将不同的人聚到一起,通过合作来完成一个相同的目标,而恰恰是每个人的不同,才让整个合作的过程更有创造力。

在我实习快要结束的时候,赶上了美国的感恩节,凯文邀请我们三位实习生去他家庆祝。美国人是非常重视感恩节的，它跟我们的春节一样，是一个阖家团圆的日子。凯文的家在纽约的史丹顿岛上，需要乘坐接驳船才能到达。船开了，曼哈顿的高楼在逐渐变小，隔了一段距离后，我才更清楚地看到那些建筑的全貌。原来曼哈顿岛上有这么多高楼，它们井然有序地交织在一起，构成了这座城市的天际线。

这段实习经历距离现在已经两年多了，现在回想起来，就像是当时坐在船上回看曼哈顿的高楼，只有相隔一段距离后，才更能看清它的全貌。这其中有挣扎和失落，有希望和祈祷，更有成长和收获。这段梦想与现实交叉勾勒的记忆大厦也井然有序地交织在我的回忆里，构成了我生命中一条美丽的天际线。

作者简介
About the Author

张帅，北京外国语大学国际组织项目班国际法方向2019届毕业生，于2018年取得美国纽约大学国际关系专业硕士学位。曾在联合国国际劳工组织纽约办公室、联合国国际贸易中心日内瓦总部实习。

达则兼济天下
——我与世界自然基金会

刘锦睿

2017年4月,我有幸获得政府奖学金,作为其中唯一一名本科生前往埃及开罗大学交换学习。在埃及的半年时间里,我不仅体验了别样的风土人情、提高了阿拉伯语应用能力,更得以在全新的环境下重新认识世界、探索人生。随着融入逐渐加深,我越发感受到,虽同有源远流长的文明,如今的中埃两国却已是那么的不同。经历数年动荡后的埃及,社会贫富差距悬殊,年轻人面临失业,经济缺乏活力和创新。开罗城里的很多景象凋零残破,破败的居民楼和断裂的高架桥时常映入眼帘。

在埃及的所见所闻坚定了我为改变世界做出一点贡献的理想。作为世界公民,应有"达则兼济天下"的胸怀。我希望在广阔的世界舞台上历练,解决与人类生活、社会发展息息相关的问题。怀揣着这样的信念,我开始规划新的前进方向。2017年10月,从开罗回到北京时,我已经有了两个新的身份:北京外国语大学国际组织学院准硕士研究生和世界自然基金会北京代表处实习生。

选择在世界自然基金会实习源于对这个全球规模最大的环保型非政府组织的好奇和敬仰。世界自然基金会著名的大熊猫标志已经成了代表环境保护和生物多样性的文化符号,其享誉全球的"地球一小时"活动每年都能激发人们对保护地球的责任感,以及对气候变化等环境问题的思考。我面试的项目组与可持续矿业、能源和基础设施相关,正好是我感兴趣并愿意深耕的领域,因此便毫不犹豫地开启了这段新的旅程。

我在世界自然基金会参与的第一个项目是喀麦隆可持续基础设施调研活动。这个项目涉及政府部门、行业协会、中资企业、当地社区等多个利益相关方,又要求跨国沟通协作,对初出茅庐的我来说着实是个不小的挑战。实习的第一天,我便参加了与有关政府代表的会谈,虽然之前也有过实习经验,但参与正式谈判还是第一次,直接与

高级别的政府官员接触心中不免有些紧张。幸运的是，我的上司在国际发展和跨国合作方面经验丰富，并且非常愿意向我分享经验、传授心得，在她的指导和帮助下，我很快熟悉了项目的内容，也适应了在国际组织工作的节奏和氛围。

世界自然基金会的工作环境可以用"国际化"来形容，这体现在方方面面：工作语言以英语为主，工作中时常需要咨询各国专家，身边同事来自十多个不同的国家。由于项目需要，我们经常和世界自然基金会其他国家办公室联络协作，每当与来自日内瓦、北京、华盛顿、雅温得的同事一起在线上开会讨论进展、分析思路时，都能感受到这里作为国际组织汇集全球资源、解决关键问题的格局和能力。在这样的组织中工作，除了过硬的外语能力，跨文化沟通和交际能力等软实力也是必不可少的，只有具备了较强的文化敏感度，才能在跨国团队中减少摩擦、促进合作。

随着项目跟进不断深入，我对企业社会责任这一议题有了进一步的了解和认识。一些中国企业在海外经营的过程中，前期往往忽视利益相关方管理的重要性，缺乏科学合理的社会及环境评估，不仅给当地社会带来了劳工关系、环境污染等各类问题，也给企业的长期经营造成了巨大的负面影响。在中国企业"走出去"的过程中，与企业社会责任相关的问题很容易被忽视，而随着"一带一路"倡议的落实，会有越来越多的制造业和工业企业到海外投资，企业社会责任的重要性在未来也会逐渐增强。世界自然基金会等国际非政府组织便起到了督促和帮助企业识别风险、承担责任的作用，它们是监督者、宣传者，也是弱势群体的代言人，在很多国家乃至国际社会都有强大的话语权。

我参与的喀麦隆可持续基础设施项目便是很好的例证。凭借跨国资源网络和第三方的特殊角度，世界自然基金会团队协调各利益相关方，撮合驻喀麦隆中资企业与当地社区及政府交流，使各方充分表达

观点和期望,并依靠专业经验给出解决方案。最终,一些由来已久的误解得以澄清,当地社区的劳工和环境问题得以妥善处理,中资企业履行社会责任的意识和能力也得以提高。项目结束后,政府、企业和行业协会的合作伙伴给出了这样的反馈:"(政)府、企(业)发挥着桥梁纽带作用,促进了中喀文化交流,促进中资企业融入当地,(今后)希望加强与世界自然基金会的沟通和联系。"在短短一个多月里,我跟随团队做了几十版活动方案,发送了几百封跨国邮件,而所有的付出都是为了看到这样的积极成果。这次经历带给我的不仅是成就感和工作技能的提升,更是为社会带来一丝改变的使命感。

在喀麦隆项目后,我又参与了其他各类议题项目:联络五位国际专家编写《中国对外矿业投资行业社会责任指引》、协调 20 余位世界自然基金会国家代表处高级官员共商"一带一路"建设中的环境保护问题、为可持续金融项目建立国别数据库、探索中国在"南南合作"中推动可持续发展的机遇和挑战、翻译世界自然基金会为二十国集团提出的政策建议,甚至还研究了宝石和钻石勘探对社会和环境的影响。这些项目虽然范畴各异、内容不同,但都致力于同一个目标:创造人类与自然和谐相处的美好未来。在与专业、热情、全身心投入工作的同事们交流的过程中,我意识到了在可持续发展的事业里还有那么多领域值得探索和研究,还有那么多挑战等待应对和解决。四个月的实习极大地开拓了我的知识面和视野,也坚定了我投身可持续发展事业的信心。

虽然实习结束了,但我和世界自然基金会的故事还在继续。2018年是"地球一小时"活动进入中国的十周年,为了见证这一历史时刻,我报名成为了当晚活动的志愿者组长。在鸟巢筹备活动的一天里,我认识了许多优秀的志愿者伙伴,他们有的学习法律、金融专业,也有的从事科技、化工行业,在各自的领域里为可持续发展贡献

着力量。当晚,除了作为组织者的世界自然基金会首席执行官以外,多家跨国企业、金融机构和政府部门的负责人到场,共同讨论如何通过跨部门合作来实现节能减排,倡导绿色生活方式。正如推广大使李冰冰女士所说:"地球一小时"的意义不仅在于这一小时,而在于宣传和实践可持续发展的理念。亲历这项活动的筹办和管理,让我更加深刻地理解了国际组织倡导公众参与环保事业、推动落实环保理念的作用。

2019年9月,我远赴英国牛津大学攻读公共政策硕士学位,为进入国际组织工作夯实理论基础。2020年1月,我在世界自然基金会实习时的上司来英国出差,我马上前往与她畅谈机构最新的进展,了解世界自然基金会英国办公室在国际发展和合作上的努力。

在世界自然基金会的实习经历为我打开了一扇窗,让我能够和世界各地的人们一起努力,为了共同的目标做着有趣而又不平凡的事情。青年既要怀有一腔热血去为理想憧憬,也要脚踏实地用行动来落实。之后我还会把握机遇、继续探索,为实现"改变世界"的梦想不断拼搏!

作者简介
About the Author

刘锦睿,北京外国语大学国际组织学院国际经济与金融方向2018级硕士研究生,于2019年获得全额奖学金赴英国牛津大学布拉瓦尼克政府管理学院攻读公共政策硕士学位。曾于世界自然基金会、保尔森基金会和欧洲复兴开发银行等国际组织实习,致力于通过发展性金融和政策制定推动能源可持续发展。

行动中的全球公民
——我的岛国岁月

施易

伦敦的初冬很冷,窗外淅淅沥沥地下着小雨,阴雨连绵的天气里,我总是想起南太平洋的碧海蓝天和阳光明媚,此时距离我离开萨摩亚已有半年多了。

2017年5月,我在结束了美国乔治华盛顿大学国际发展硕士学习后,回国参加了国家留学基金委员会和联合国教科文组织共同开展的公派实习项目。经过层层选拔和耐心等待,我非常幸运地在同年11月获得了位于萨摩亚的联合国教科文组织太平洋国家办事处的公派实习机会。虽然此前我曾在加纳、以色列和孟加拉国等国积累了一些研究和工作经验,但对于一个年轻的国际发展从业者来说,进入联合国工作的机会实属难得。现在回想起这段18个月的经历,我仍觉得神奇和美妙,感恩在自己二十几岁时有过这样一段岛国岁月,让我坚定了职业信仰,拥有了更广阔的世界观,在心里留下一片海阔天空。

我们所处的时代正面临着前所未有的挑战——持续的冲突,日益加剧的暴力极端主义,以及阻碍可持续发展实现的障碍,如极端贫困、性别和经济不平等以及气候变化等。在这样的背景下,以教科文组织为首的联合国机构提出了"全球公民"这一概念,在人们的心里埋下公正、和平、包容、安全和可持续发展的种子,提高所有人的全球和地方参与度,呼吁人们为世界做出积极贡献。而在这段国际组织的工作和生活中,我比任何时候都深刻地认识到全球公民意识的重要性,也非常庆幸能与一众全球公民为伍,为我们心中更美好的愿景做出一点努力。

1. 全球公民的能动性

联合国教科文组织的工作领域主要包括教育、文化、自然科学、人文科学和通信五大方面,我所在的办事处主要负责协助太平洋区域的16个成员国进行这五大领域的项目执行和政策制定,并提供技术支持。由于办事处的人员较少,同事们常常身兼数职,正因如此,我也有机会参与到各类工作中。实习期间,我的主要职责包括协助地区主任进行战略规划和资源调动,并协调办事处的对外关系和宣传工

作。此外，我还协助其他同事开展了教育、文化、通信等领域的主题研究并参与相关的项目管理。在这些工作中，我经常需要应对很多超出自己专业领域又比较紧急的事务，这便要求我能够在短时间内掌握大量的知识和项目情况，也让我充分体会到了学习能力，尤其是自学能力的重要性，而这与平时对多领域信息的积累是分不开的。

同时，我也学会了如何在国际组织中发挥主观能动性，做一名对团队有价值的成员。一开始，我碍于实习生身份，在会议上比较沉默，对自己的观点没有什么信心，在工作中更像是被动的执行者，而不是主动的参与者。随着对工作内容了解的不断深入，我逐渐认识到主人翁意识的重要性。作为新人，我反而可以为团队处理和解决相关问题提供新的视角和思路。令我记忆犹新的是在一次"头脑风暴"会议上，大家就如何在教科文组织某一非常驻成员国开展活动进行了讨论，当地复杂的环境使我们很难远程开展工作，此时我想到了之前结识的其他联合国机构的同事，提出可以进行跨机构合作，邀请当地的联合国机构执行具体项目，而我们提供资金和技术支持，最终推动了活动的进行。由此可见，全球公民意识其实离我们并不遥远，它存在于我们生活和工作的方方面面，而其核心便是积极参与，勇于创新，贡献自己的智慧。

2. 全球公民的文化共情力

在国际组织工作通常意味着暴露在多文化、多背景的环境中，一方面是因为"国际公务员"通常在非母国工作，另一方面是由于团队中的成员往往来自不同国家。这便要求我们在日常工作和生活中拥有强大的跨文化交际能力，这里的跨文化交际能力不仅体现在语言能力上，更是一种深层次的文化共情力，即在保有自己文化身份的同时，能够跳脱出自身的偏见和狭隘，以开放的心态去接纳和学习其他文化。我们办事处所覆盖的成员国多为小岛屿上的发展中国家，岛屿相对隔绝的地理位置和殖民历史孕育出了极具向心力的文化，传统文化和风俗在现代社会中仍然有着举足轻重的地位，宗族关系依旧主导着社会人际关系。近年来全球气候变化对岛屿国家可持续发展的威胁进一步加强了不同岛国之间的身份认同。

在这样一个人情社会中，建立信任是所有合作的前提，而这对于初来乍到的我来说是一个极大的挑战。我依旧记得刚开始和政府沟通时，常常收不到任何回复，导致项目进程非常缓慢。向同事请教后，我才了解到这背后的缘由：由于业务繁忙，政府官员更愿意把有限的时间花在和认识且信任的人打交道上，以降低沟通成本。在此之后，我通过同事的引荐主动与合作伙伴建立联系，先同他们成为朋友，再发展业务，这不仅大大提高了我的工作效率，也让我更准确地了解到了政府的需求。而另一方面，由于办事处员工分为国际员工和本国员工，两者在文化和处事方面存在巨大差异，如何在较复杂的环境里高效高质地完成任务是一个需要持续探究的问题。

3. 全球公民的世界观

　　工作之余，生活在南太平洋的每分每秒都在拓宽我的知识边界，让我拥有更加多元、包容的世界观。如果说十年前的我怎么也不会想到，自己有一天会在下班之后穿着太平洋国家的传统服饰、耳后别着鸡蛋花和岛国姑娘们在海边跳草裙舞；那么十年后的我也一定不会忘记，岛国人民的豁达坚韧及其与蔚蓝深海的羁绊。离开萨摩亚前一个

月，我经历了近 90 个小时的航行，与外界失联将近四天，来到了新西兰属地托克劳的三个珊瑚岛环礁。托克劳的总人口只有约 1500 人，平均海拔 3—5 米，是全球受气候变化影响最严重的地区之一。这里的每个环礁均由一系列小礁屿环绕潟湖构成，这些小礁屿则位于离岸不远便陡降入海的礁脉上。潟湖水浅，珊瑚露头点缀其间，岛民

们便集中居住在面积较大的礁屿上。由于上岛的唯一交通工具是来往于萨摩亚与岛屿之间，航行时间长达 24 小时的客货船只，因此小岛鲜有游人涉足。与所有南太平洋的岛民一样，托克劳人热情爽朗，跟他们交朋友是件很容易的事。在船上的几天里，我几乎认识了一整船形形色色的人，而其共同的纽带便是对故土的深爱——由于托克劳人均持有新西兰公民身份，很多人决定离开与世隔绝的家乡谋取更好的物质生活，但仍有一大部分人选择了留在岛上，每周回家探亲的人更是络绎不绝。没有异乡，只有异客。作为一个习惯漂泊的人，我竟在他们的只言片语中找到了一份久违的感动。托克劳的海，有着我从未见过的蓝。据联合国报告，如果全球继续变暖致使海平面上升，像托克劳群岛这样地势低洼的岛屿将在 21 世纪永久消失。物质会消失，但精神将永存，托克劳也将在我的记忆中永远存在。

4. 写在最后

在联合国教科文组织的实习经历教会了我如何成为一名全球公民，让我以更广阔的胸怀去面对、理解和改变世界，收获颇丰。其实，国际组织的工作并没有想象中的那么"高大上"，它需要我们坚守信念和价值观，因为实际工作中会遇到各种各样的问题；它需要我们承受独在异乡的孤独，因为我们将总是处于陌生的环境。但只要我们愿意，就一定会收获一份无与伦比的经历和满足感。我的岛国岁月已经成为我人生中非常重要的一部分，我也亲身感受到了自己的工作为当地带来的改变。

就在上周，我很开心地从前同事那里了解到，经过我们办事处九年漫长的努力，萨摩亚编织垫及其文化价值终于被列入了联合国教科文组织《人类非物质文化遗产代表作名录》。萨摩亚编织垫以露兜树的树皮制成，制作过程相当繁复，耗时可长达数年。它不仅是一种文化产品，其价值还体现在传统仪式和礼仪中，在太平洋文化中具有重要意义。这一成功绝非一蹴而就，而是一批又一批的国际发展人用坚持和热情换来的，曾短暂地成为这个团队中的一员，我非常骄傲。

我们身处的时代总是充满变化，需要有信念和理想的年轻人去主宰和引领。作为有志于在国际组织工作的年轻人，我们是幸运的，因为我们背后有祖国作为强大的后盾，也有一代又一代人的辛勤付出。在此，我希望未来的自己继续不忘初心，不辱使命，努力成为一名拥有中国灵魂、世界胸怀的全球公民，为祖国和世界的改变做出积极贡献。

作者简介 About the Author

施易，北京外国语大学国际组织项目班国际关系与国际政治方向 2017 届毕业生，同年取得美国乔治华盛顿大学国际发展硕士学位。2017 年 11 月，通过国家留学基金委员会国际组织实习项目选拔，赴位于萨摩亚首都阿皮亚的联合国教科文组织太平洋国家办事处实习，主要工作领域为战略规划和媒体通信。现于英国伦敦大学学院攻读教育与国际发展博士学位，从事职业技术教育与培训、青年就业的相关研究。

在世界自然基金会实习，我收获了什么

呼文俐

记得在小学的一次品德课上，老师让我们写下长大后梦想的职业，我提笔思忖良久，懵懂地写下了"警察"二字，不是对那警徽有多深的理解，而是在我童年的认知里，误以为仅此二字才担得起"社会之栋梁"这话题的重量。当然，随着年岁的增长、眼界的开阔、学科背景的丰富，各种崭新的可能性从我所在的原点铺开，无一例外地通向我幼年时期就向往的"栋梁"之终点。

进入大学的第一年，我加入了院系设立的志愿者协会，次年又有幸当选了该协会的副会长。在参加志愿活动之余，我也开始和社会注册志愿团体合作拓展新项目，试图将一腔热血与意气挥洒到更多需要的地方。这也是我第一次体会到，身处宏大宇宙，即使渺小如我，也能够发光发热，温暖这片宏大中的其他个体，即使只有那么数十个。

然而在进入世界自然基金会实习后，我才发现原来不仅是单一个体，整个社会都可以通过我的小小贡献而前进一步，仿佛一个庞大复杂的物体被解构了,我在分给我的那一小部分上敲敲打打,再和其他部分形成合力。

  我所在的团队旨在推动中国可持续发展市场转型,所有与可持续倡议相关且涉及中国的项目都由我这一团队负责。我参与的第一个项目是推动海洋水产企业的可持续发展,当时该项目正将国际化的评估标准引入国内,并对国内主要的水产养殖企业以及进行养殖活动的湖海水质评级,鼓励消费者购买生产过程更符合可持续发展理念的产品,从而使整个水产行业重视生产中所造成的环境、生态、物种影响,并力图将负面影响降至最低。与此同时,项目组也积极推动国内一家规模较大的电商企业参与转型进程,鼓励其多宣传养殖期间对生态环境影响小的鱼类品种,并逐渐下架濒危鱼类的贩售页面。

  老实讲,在听完项目推动途径后,我既感叹曾经自己的格局有多小,只想到帮助困境中的人与事,却忽视改善或者解决困境本身;又深受启发,原来所谓的"可持续发展"是靠着这样一步一步地接触、影响、改变利益相关者而落地扎根,再反过来引导消费者,从而实现项目组的初衷。我更思考着,是不是对于其他的社会性议题,这种方法同样受用,而囊括范围再广的项目,解构之后都只是一个个待处理的模块,一环扣一环,逐个击破即可。

  刚进组的那段时间,我是有点惶恐的。第一次进入"高大上"的、连名字中都带着"世界"二字的基金会实习,明亮宽敞的办公区,前辈们时不时的专业讨论,乃至休息区两三人捧着水杯活动活动脖颈、交流交流各自项目的进度……都让我这个小实习生感到拘束。和他们的专业自如比起来,我既缺乏相关经验,又显得不够灵活,一向自诩开朗外向的我,那段时间里连午休时和前辈聊天都显得底气不足。可以说,我陷入了自我尴尬的怪圈,不知道怎么才能从那个漩涡里抽离出来。直到一次和团队里的姐姐们聚餐,她们边给我和另一名实习生烤肉,边问我们适应得如何、对项目有没有疑问。我也就好像突然间打开了话匣子，把苦恼全都倾倒出来，谈我的不自信和不安。我刚说完，坐在我旁边同一项目组的姐姐就给我夹了片肉，然后开始讲她刚进组做实习生的经历，和我们一样，她当时也只能负责一些基础的案头调研、文件翻译、行政支持类工作，有时效率高，得闲时就在办公室溜达一小会儿，和熟悉的、不熟悉的同事都聊聊天，等待下一个派给她的任务。"探索欲，"她挥着烤肉的夹子跟我们说，"才是年轻人的特质嘛！"那次聚餐结束后，她一手挽着我，一手挽着另一位姐姐，让我们学跳当时的"网红"舞蹈，在意识到我们三个肢体都很不协调之后，大家捧腹大笑。我也就在那阵笑声里面卸下了生疏和客套，这个坐落在北京西城、藏匿在车水马龙的阜外大街附近的基金会，在这之后变得愈发有血有肉。再回想起来，留在记忆里的除了那憨态可掬的熊猫徽标，还有和前辈们开会报告、插科打诨的日子。

当然，除了我们自发的"探索欲"之外，团队里的前辈也非常注意培养我们的这一特质。进组没几周，我刚好赶上了可持续发展市场转型团队所有项目的进度汇报，各项目负责人需要向中国可持续发展市场转型总监介绍当前的项目情况，以及如何继续开展项目。我本以为实习生是没办法参会的，没想到临开会前，同组姐姐特别自然地告诉我们拿上电脑去熊猫会议室，会中做记录，会后做总结。那次的会开了快一个上午，负责人做完展示后，总监就拿着油性笔在玻璃墙上写写画画，整理项目的思路，构思之后的活动。"海鲜消费指南"是当时的项目之一，刚启动不久，还处在具体内容构思阶段，而且最终不仅要发表"指南"，更要向消费者宣传这本"指南"。总监仅针对这一个项目，就洋洋洒洒地写满了一面玻璃墙，最后挨个点名让实习生补充建议，询问年轻人偏好的自媒体和社交平台，思考有没有被漏掉的宣传渠道。如果说平时项目组"头脑风暴"时，让实习生参加并发表观点理所当然，那么在这样的会议上主动征询我们的意见，则让我充分感受到了自己作为团队一员的价值。诚然，世界自然基金会的组织架构是分层次的，但每个观点的分量都被平等地衡量并评估着。会后，我主动提出撰写会议纪要，尽管之前我从来没做过，但这不妨碍我的跃跃欲试。虽然当晚因为这份会议纪要熬到深夜，但是邮件发出的那一刻，我整个人都被小小的成就感充盈着。这之后，或许是因为我的积极态度，同组的姐姐甚至主动提出，愿意带我去丹东出差，让我旁观可持续水产项目是如何和当地水产养殖企业沟通合作的。可惜最后因为自身原因未能成行，但我仍然很感激项目组愿意给我拓展和探索的机会。

在我实习期的尾声，正好赶上"地球一小时"活动的筹办准备期，恰逢在华启动十周年，前期准备格外复杂繁琐。我经常在工位上听宣传部门的前辈打电话协调嘉宾行程，也时常在朋友圈看到同组姐姐因为筹划活动而干脆睡在办公室里，所有实习生和志愿者也都尽可能地承担更多支持性的工作，时不时还充当苦力去大院门口把活动的周边产品运到办公室。平常各部门各司其职，而这一次的活动则把整个世界自然基金会北京代表处凝聚起来，为了活动的顺利举行而努力。当晚，在嘉宾们共同熄灭巨大的徽标灯后，突如其来的黑暗让我的眼睛很不适应，但在推动可持续发展的大背景下，我想我愿意调整自身去适应这种"不适应"。

正式离开世界自然基金会的那天，同组姐姐递来两个大厚本，分别是《世界自然基金会海鲜消费指南》和《中国城市餐饮食物浪费报告》，她说，报告上虽然没署我的名字，但是世界自然基金会市场转型部感谢我的付出。这两份报告为我半年的实习画上了完美的句号，但远未到我想要的终点。渺小也好，不署名也罢，个体本就应如飞蛾扑火般奔向未可知的点点星光，前行之路道阻且长，但只要不忽视每个小我的力量，终点总会在前方。

作者简介
About the Author

呼文俐，北京外国语大学国际组织学院国际关系与国际政治方向 2018 级硕士研究生，同时于比利时布鲁塞尔自由大学攻读管理学硕士学位，主要研究方向为机构的可持续发展报告披露质量评估。

纽约之约

张静文

遇见纽约,是 2018 年夏天的一份礼物。刚刚结束在北京外国语大学国际组织人才选拔夏令营的考核,我就踏上了去往纽约的国际组织实习之旅。

纽约是一座拥有独特文化和精神气质的城市,这种气质是那些举着小旗走街串巷、匆匆两三日的游客们所不能感受的。无论是华人区法拉盛、琳琅满目的大都会博物馆,抑或是万里无云的中央公园,这些都不是纽约的全貌。纽约的灵魂,藏匿在"韩国街"的夕阳余晖中、高线公园的簌簌冷风里,以及切尔西区的红砖房和朦胧月

牙旁，这些让人窥见一座城市某些性格的瞬间，慢慢为我建构出了远行的意义。

实习是连接在校所学知识与实用技能的桥梁。参与联合国实习项目，也是我逐渐走近联合国、走近国际事务和真切体会国际公民内涵的独特经历。一个月的实习生活里，我几乎每天都要走过相似的路，同相似的景色致意，却又在这小小的天地间窥见了世界和生活的一角。

本次实习计划是由非政府组织选派中国的优秀大学生作为代表赴联合国总部参与联合国议程。我们的主要任务是：作为联合国和世界非政府组织联合会的联合实习生，处理联合国旗下众多组织机构与联合国总部的联系及发展事务，进行多边会谈和协调工作、活动策划等。

从对联合国的相关介绍文件和网络资料开始，从认清迷宫般的会议厅和各部门位置布局开始，从陌生到熟稔，从羞怯内向到主动与各国大使、学者、企业家自如地交流和研讨，从茫然四顾到积极寻找有价值的会议信息，或许一个月的时间不足以了解联合国的整体运作方式及各部门的具体职能，但是在查找数据、思考方案、解决问题等实践方面，我都受益良多。

大概是各种国际关系与贸易纠纷占据了太多的新闻版面，来到纽约之前，我将联合国总部想作一个满是针锋相对和利益纠葛的地方：空气里弥漫着硝烟的气息，谈判桌是不见血的战场，各成员国作为组织中的个体在个体理性逻辑下各自争取利益的最大化。

然而，那天在联合国金色大厅外走廊的墙壁上，我发现了这么一行字："We don't bring people to the heaven, but we just prevent them from the hell."（我们不把人带到天堂，我们只是阻止他们堕入地狱。）这使我意识到，针锋相对不是联合国的样貌，共识和合作才是这里的底色。联合国不是一位包办一切的家长，相反，它以纲要性的最高要求指导着各成员国的工作。某种程度上，在保证了公正性和透

明性的同时，它也为各成员国提供了一个平等交流、磋商的平台。同时，成员国之间的文化以及发展阶段差异决定了联合国任何决议的通过都将是一个漫长的过程。

联合国最需要解决的不仅是国际争端，更是多样性、适应与发展问题。在短短的一个月里，我所参与的会务主题可谓包罗万象：从老龄化问题到可持续发展目标的国际资助，从地理信息系统网络的构建到世界土著居民大会等。从安理会到经社理事会，我看到不同肤色、不同口音的专家学者讨论着国际上的热点话题，为看似无法解决的世界难题寻找良药，为似乎不可避免的战争求取和解的良方。在第四届非洲农商峰会上，我提出了非洲国家太阳能发展初期可能遇到的瓶颈以及太阳能未来发展前景的相关问题，非洲国家代表也从规模效益和创新等方面给出了回应。2018年，正值布基纳法索和中国恢复友好和平的外交关系，两国未来发展潜力可期。那天，当非洲国家的朋友们在会后热情地与我合影，当我能够运用自己的专业知识和对方的母语表述思想和见解时，我第一次感受到自己作为一名国家代表肩上负担的重量。

在与联合国不同文明联盟高级代表办公室高级顾问哈尼法·迈佐

的谈话中，我感受到了多样性在当今社会发展中的重要作用。它不仅关乎种族、肤色、文化、宗教、思想，更是化解刻板印象、偏见、排外心理和歧视的有力武器。

联合国是一个讲求礼仪和仪式感的地方。一场会议开始时，为了使在场人员尽快平静下来，你会采取什么措施？敲桌未免有失仪态，不妨鼓掌并致问候，这是联合国独特的文化。联合国又是一个一丝不苟、处处尊重细节的地方。来到这里，你会感叹麦克风的高度是那么整齐划一。会前，会务人员也会反复检查会场标示牌与成员国数量是否相符，193个成员国，一旦有任何缺漏，都有可能上升为严重的政治问题。在会务文件的字句斟酌中，各国代表及会场主席更是慎之又慎，纷纷变身"语言学家"。在联合国年度世界地理信息大会上，与会代表就针对诸如"作为……的一部分"（as a part of）和"包括"（including）、"历史的"（historical）和"遗产"（legacy）等措辞争论不休，甚至提出添加段落做进一步的阐释。

一天，我在经社理事会参会时，突然感觉到从中文同声传译频道传出的译员声音尤为熟悉。想起在上同传课时，常老师曾经给我们展示过的联合国同传工作介绍视频，视频中讲述人的声音依稀可忆。于是便想：该不会这么巧刚好碰上季晨老师了吧？金色大厅两侧高处小小的同传箱，正是语言学专业同学们的梦想之地呀！好巧不巧，那天休会时，我们还真的就在电梯里遇到了季晨老师。他瘦瘦的，一身淡色衣服，背着一个黑色的双肩包，看起来很干练。寒暄了几句，老师居然热情地带我们到联合国大会会场、同传箱、安理会办公室等处参观，向我们介绍联合国议事的具体流程。他向我们讲述了自己20余年的同传经历，但即使这样资深，他还是处处谦逊："在这里，人人都身怀绝技，谁都不敢太骄傲。同传工作所要承受的压力是巨大的，更不必说在世界中心联合国为各国政要服务的同传译员了。""假如你有一定的'自虐倾向'，愿意乐此不疲地承受着这样的压力，甚至

呼唤'让山大的压力来得更猛烈些吧',那么欢迎你来联合国。"季晨老师笑着说,语气里依旧是同传译员标配的波澜不惊。

很多时候,我们难以跳脱出原有的思维模式真正站在他人或他国的角度思考问题。在纽约的那些天,吃着咖啡厅里丰富多样但并不十分可口的自助餐,看着肤色各异的人们坐在一起用熟练程度不一的各种语言热络地交谈,我突然感到一种渺小。这种渺小感不仅来自一名20岁的年轻人在面对复杂多变的国际局势时的怯畏,更来自对人类在这转瞬即逝的宇宙中为了更好地生存和发展而创造出的诸多事物的思考。什么是和平与发展?这一目标下我们应该怎样举措?个人利益、国家利益与世界利益在何种程度上是一致的?我们应该又能够为之做些什么?我找不到方向,又似乎有了方向。

这不由得让我想起,大三那年去德国交换学习时,正是难民危机在德意志野蛮生长之际。这场危机源自中东,根源在于文化冲突,带有宗教的光环又披上了政治的外衣，同时闪烁着大国博弈的影子。我与一位来自土耳其的朋友相识，有时会和他用英语夹着汉语的"双语模式"闲聊宗教文化与国际局势。他有一句话，我深以为然：只要始终不忘记"我们都是人"，人和人的冲突便能少一半。

在地球另一端生活的我们正经历着前所未有的文明变迁与重建，这一历程始终离不开对他者的关注与借鉴，也离不开对自我的观照。从这个角度来说，学习一门语言、见识一方水土、了解一种文化、收获一种体验已经不仅仅是一己之悲喜、一人之得失了。

实习生活已经过去两年有余，然而直到现在我还清楚地记得临行前赞比亚大使对我说的那席话："你没有理由不与世界产生联系，抓住能够建立联系的机会。当你与这些议题相连接时，你就永远不会和它们分离。无论你走到哪里，你始终都能产生影响。"

联合国本身和它所面临的一切，就像这个世界的缩影，其中不同的线条交织成了一张复杂的、多节点的网。对于青年人来说，清楚地知道自己站在哪一个节点上、面临着怎样的网络，用自己的能力和知识理顺手里的线头，才能为世界的整体前进与发展贡献自己的力量。

作者简介 — About the Author

张静文，北京外国语大学国际组织学院国际关系与国际政治方向 2019 级硕士研究生，曾作为世界非政府组织联合会学生代表于纽约联合国总部经社理事会实习。

联合国教科文组织经历谈

齐政文

时光荏苒，转眼间毕业已近一年，校园生活的点点滴滴仍像电影片段一样在我眼前浮现。四年前，怀抱着对国际组织的憧憬，我走进了北京外国语大学国际组织学院。如今，当我在联合国教科文组织驻布鲁塞尔联络处敲下这些文字时，内心仍然久久不能平静。回想起那些为了梦想拼搏的日子，那些与同窗好友共同奋斗的岁月，我感谢过去努力的自己，也感慨自己的幸运，能够接触这份曾经看似遥不可及的工作。感谢家人、老师、朋友、同学一直以来为我提供的指导与帮助，也感谢国家留学基金委员会对我的资助与支持。相信就在此刻，也有像我一样的有志青年正摩拳擦掌，想要在国际舞台上一展身手。那么，国际组织职员都需要具备哪些工作能力？在国际组织工作又能为自身带来哪些方面的成长呢？我将结合自己这一年以来的工作经验，为大家揭开国际组织工作的神秘面纱。希望这些思考能够为大家的国际组织梦插上腾飞的翅膀。

1. 国际组织职员需要具备的工作能力

首先，国际组织的工作环境具有语言多样、文化多元的特点，大部分同事都是三门甚至四门语言的母语水平使用者。尤其是如布鲁塞尔联络处这样外联类型的办公机构，对工作人员的语言水平要求则更为严苛。因为在日常工作、生活中，我们需要与不同地区办公室的同事交流合作，处理大量项目相关信息，多掌握一门语言有助于我们加深对项目相关情况的理解，同时也可以保证项目的顺利推进。除此以外，由于联络处同事分别来自世界的各个角落，日常工作交流也会受到文化差异的影响。这就要求我们在提高语言运用能力之余，还能够从更深层次挖掘语言背后的文化内容。中国同学在学习语言的过程中往往比较关注听、说、读、写方面的训练，而忽略对目的语国家基本文化意涵的了解与学习。其较为负面的影响就是，当处于社交场合时，由于缺乏对其他文化内容的基本理解，可能难以对事物做出正确反应或是无法产生情感共鸣。就目前情况而言，英语和法语仍是国际

组织的主要工作语言。从办公室文化环境与习俗来看，欧美文化影响更为深远，无论是办公室的日常工作、节假日安排、社交活动、工作思维模式都会有欧美文化的蛛丝马迹。正因如此，在日常工作中，我们一方面要对欧美文化进行更加深入的了解与认知；另一方面也要注意调整由于文化差异带来的工作心态上的变化。比如，欧美文化背景下的办公室环境较为开放直接，组织模式相对扁平化，各级职员均有表达自身观点的机会，而对于仔细慎重的东亚文化圈职员而言，他们往往难以充分展示自身所拥有的优势与才能。在许多工作场合中，因为缺乏对自己观点或想法的明确表达，这些人可能会错失掉许多锻炼自己或是展示自身能力的机会。为了避免类似情况的发生，在未来的生活中，我们要加强对外语表述能力与逻辑思维能力的锻炼，做到讲话思路清晰、有理有据。

其次，国际组织的日常工作可以简单地用"文山会海"四个字概括。无论是申请项目、执行项目、组织会议、联络合作方还是议事协调，所有的工作最后基本都要通过文字呈现。这样做的好处，一方面是可以对工作进度进行实时更新，方便后加入的同事及时跟进；另一方面则是在必要的场合作为证据材料，促进某项工作的完成或是避免无谓的麻烦。正因如此，国际组织对其职员书写语言的准确性要求极

高，而这对于非母语者而言是一项不小的挑战。在日常工作中，我们需要加强对标准书面语言的学习与积累，并时刻注意区分近义词间微小的词义区别。能够利用最精准的语言书写材料是国际组织工作专业性的重要表现之一。

此外，国际组织职员还需要对世界重要议题有所了解，并能够统筹利用已有信息与知识创造性地提出新的解决方案。在国际组织的众多项目中，很大一部分是面向世界不发达国家的发展援助项目。为了保障项目质量与实际实施效果，相关工作人员需要对国际时事热点，尤其是国际突发新闻保持敏感并实时跟进。在日常工作中，我们也要加强对不发达国家情况的了解，并学习发展援助的相关知识，培养自身发现问题与解决问题的能力。

最后，国际组织的工作是以结果为导向制定衡量标准的。例如，某办公室搬迁期间，由于行政人员的疏忽，导致重要文献资料丢失。尽管该职员在办公室搬迁其他方面的工作中付出了巨大的努力，但最后还是要为这一重大失误接受处分。因此，我们在工作中做事要更加细致，尤其要提前考虑到可能发生的极端情况，并为这些情况做好相关应急预案。

2. 个人工作能力的成长

在联合国教科文组织驻布鲁塞尔联络处工作的这一年中,我的英语与法语应用能力得到了较大的提高。其中,英语写作方面,我在会议记录、文件汇报、演讲稿撰写、网页新闻与社交媒体通稿写作方面都得到了较多的锻炼。与此同时,我的信息检索能力与文件分析能力也得到了一定程度的强化。这些都为我今后在国际组织继续工作打下了坚实的基础。

在我的日常工作中,有一项重要工作就是为联络处主任及文化项目官员准备会议讲演重点。每一次准备材料的过程都是我加深对教科文组织工作的理解、深化对相关领域知识的认知的过程。每当我将准备好的材料递交给相关领导时,他们都会耐心地对我的工作成果进行反馈。这些指导不但帮助我更好地了解了所研究的领域,发现自己研究中的不足,同时也为我提供了许多更为科学高效的研究方法,让我在之后的工作中更快、更好地完成领导交付的任务。

由于联络处工作的特殊性，我常常需要与其他组织或机构的工作人员进行沟通与交流。起初，作为职场新人，面对一些社交场合我还是有一丝胆怯和无所适从，不知道该如何诠释自己在这些场合中的作用，也不知道该怎么和行业内部的专家们建立联系。然而在文化项目官员的鼓舞与指导下，我慢慢地走出了自己的舒适圈，渐渐地适应了这种社交场合的节奏。在实践中，我发现只要秉持双赢的理念与谦虚的态度，大家都会以开放的心态与你沟通。如果对方因为各种原因没有继续对话，那么把它当作一次突破自我的挑战也无妨。这一收获于我而言极其宝贵，它不但让我脱去了学生的稚气，更为成熟地走向工作岗位，而且让我的心态变得更为开放与宽容，能够时刻保持求知的欲望与对他人的尊重。

不知不觉中已经洋洋洒洒地写了这么多，在总结过去这一年工作经验的过程中，我仿佛又找回了当年想来教科文组织工作的初心，即为国际社会发展贡献一份属于当代中国青年的力量。接下来，我会带着这份初心砥砺前行，也真诚地祝愿有志于此的伙伴们梦想成真，早日加入到国际组织的队伍中来。

作者简介
About the Author

齐政文，北京外国语大学国际组织项目班国际关系与国际政治方向 2019 届毕业生，期间取得巴黎政治学院公共政策专业文化政策方向硕士学位。现于联合国教科文组织驻布鲁塞尔联络处工作，负责联合国教科文组织与欧盟各机构在文化领域的政策交流与项目对接，主要研究领域包括欧盟文化政策、文化政策与可持续发展等。

印在心底的「联合国蓝」

孔璐

1. 缘起

有时候觉得缘分确实是件很奇妙的事情，小时候大人们问我长大以后想干什么，我会不假思索地说："我要去联合国！"当时不知天高地厚的玩笑话，如今却成了现实。也许是冥冥之中注定，也许是从小受到的熏陶，也许是在触碰到些许与联合国有关的事物之后开始暗自努力，才走到了今天，坐在联合国粮食与农业组织北京办事处实习。两个月之前，我是在联合国开发计划署丹麦总部初级专业官员中心的办公室实习。继续追溯，是在北京外国语大学国际组织项目班和爱丁堡大学忙到一抬头时光就不见的日子。而选择北外国际组织项目班又缘起于本科期间曾参加的各种国内外"模拟联合国"活动。

以上这 200 多字倒叙了我几年的路程，没有走弯路是值得庆幸的事情。我曾听过朋友的经历：学习或者工作到一半发现并不喜欢也不适合所在行业，但是全身而退的沉没成本太大又不敢轻易改变。在这一点上，我是幸运的。

或许作为一名应届毕业生这么说还为时过早，但至少现在，我还很固执且满心欢喜地追求着我的联合国梦。

2. 机遇

2018年，我通过中国国家留学基金委员会与联合国开发计划署合作的实习项目申请获得实习机会，岗位地点为联合国总部所在地之一——哥本哈根，具体实习单位为联合国开发计划署总部初级专业官员中心。该中心为人力资源局的分支机构，负责联合国系统内17个机构的初级专业官员项目，主要业务包括伙伴关系的建立与业务开展、岗位宣传、候选人筛选、聘用和培训、绩效管理及薪酬管理等。除此之外，还负责与部分国家政府签署实习生项目合作协议。2017年，联合国开发计划署正式与中国国家留学基金委员会签署了实习生项目合作协议，在双方合作的基础上，国家留学基金委每年将选拔并资助至少10名中国实习生到开发计划署相关岗位实习。

我申请的岗位负责2019年即第二届合作实习项目的全程协调工作，主要包括该项目的前期信息发布与宣传、申请人的岗位意向收集、与用人单位的协调与沟通、协助用人单位进行最后筛选与定岗等。除此之外，还要协助初级专业官员中心的选拔工作及团队运行所需的其他工作。

相信很多人都对申请实习的过程感兴趣，我就先来讲一讲我的经历。我是通过与国家留学基金委合作的渠道申请获取本次实习机会的，由于联合国系统内的实习生通常没有报酬，所以能够获得国家留学基金委的资助我深感幸运。当然，国内选拔竞争激烈，我在申请过程中也承受了不少压力。整个申请周期较长，历时五个月，我于2018年4月提交了申请材料，5月完成笔试，6月接受第一轮面试考核，到8月才收到第二轮面试通知，9月正式收到录用通知。这期间正是我在爱丁堡大学攻读硕士学位的最后一学期，面临着考试与毕业论文的双重压力，但在老师与朋友的支持帮助下，我顺利地安排好各个申请阶段的事宜，每一考核阶段都为自己预留了充足的准备时间，以较好的状态投入考核，最终被录取。

要谈申请实习的经验，首先是做好充分的心理准备，保持良好的心态。既然选择了以国际组织为最终目的地的职业生涯，就要考虑到相关情况下的取舍，例如舍弃应届生身份和家人的陪伴，选择海外独立生活与文化交流中可能遇到的困难冲突等。其次要做好充分的应试准备，并在面试中展示出来。仔细研读岗位描述，对所申请的岗位及办公室背景有所了解，在与面试官的对话中充分展现个人经验和技能与岗位的匹配程度。但以最终面试结果来看，相较于联合国系统的正式员工，用人单位对实习生的要求和期许其实并没有那么高，毕竟实习生经验不足是常态，他们更看重的是工作动机、性格品质、跨文化交流能力和可塑性。

3. 初入

2018年11月17日,我登上了前往哥本哈根的飞机,带着对工作单位的憧憬去报到。因为获取信息的渠道有限,我当时匆匆在网上预订了一间短租房,一个月的房租就花掉了一半的补助。到达之后我放下行李,准备出门透透气。结果出门右拐就到了游客如织的新港,难怪房租这么高,原来自己住在市中心的中心,转身又发现了已然热闹起来的圣诞集市,忍不住越逛越远,全然忘记了舟车劳顿的疲惫。

19日,我开启了联合国实习的第一天。哥本哈根的联合国总部大楼被称为"UN City",位于北港边。从空中鸟瞰,这座大楼呈"米"字状,过了安检进入大厅,一个形似八爪鱼的大旋梯将"米"字楼的各个分支联系在一起,员工们把这些分支叫作"finger(s)"。

联合国机构有着高标准的安保系统,外来人员除了安检之外,还需要有内部人员的邀请才能进入。一进门,我便看见之前通过邮件联系的同事伊万娜在大厅等我,她很

热情地带我去办工作证，然后领着我一边参观一边介绍大楼的情况。听伊万娜说，这个大旋梯的设计理念是想让分散在各个分支的员工上下楼梯时能够汇聚和交流。我觉得很有意思，也和联合国所强调的文化包容性相符。于是之后每次带朋友来参观，我都会特地介绍这个大旋梯。接着我又被带到即将实习的办公室，认识了在之后九个月里待我如家人的同事们。我注意到大家对我专程从中国飞过来实习很好奇，即使伊万娜介绍我时没有提，大家也会问，大概对他们来说，有人专程从中国飞到丹麦来实习是少之又少的事情。确实，我是团队中有史以来的第一个中国实习生（或者说中国同事）。后来我才发现，在这栋容纳了2000多人的大楼里，中国人居然只有二三十个，难怪大家对我、对中国那么好奇，总是能抛出一万个为什么。

第一个星期，在茶水间或是走廊碰到同事，每个人都会特别关心地问我生活住宿是否安排妥当了、感觉怎么样，这种关切让我一下子消除了距离感，与大家放开畅谈。丹麦社会极具扁平化特征，哥本哈根联合国总部的工作环境也是如此，从实习生到部门主管，每个人都有自己的职责范围，也相互理解并尊重彼此的工作。即使是部门主管，大事小情也一律自己动手，除非实在忙不过来，否则不会随便把无关紧要的小事甩手交给实习生。

我的实习导师叫让·吕克，是一位非常可爱、毫无距离感且极具语言天赋的法国人，交付任务时语气总是非常客气，我完成任务后也总会跟我道一声谢谢，每次交谈都会鼓励我抒发己见。我还记得他第一次给我布置任务的时候，话说到一半，突然插进一句："你如果有问题或想发表意见可以随时打断我，我不是你的上司，我的位置在这里。"说着，他屈膝用手比画着他所说的"这里"有多低。听完这话，我感到莫大的舒心，因为我是一个好奇心满满、能问问题绝不憋着的人。在爱丁堡大学留学期间，同学们给我的"荣誉称号"就是"最能问问题的人"。所以这话让我放下了初来乍到的紧张与顾虑，很快就顺利开启了工作。

4. 责任

前两周工作不多，只要求熟悉这里的工作方式和机构体系，随后，新一轮国家基金委和开发计划署联合实习项目开启，我也开始了我的核心工作。起初我将该实习项目简介挂在开发计划署内网上，但是并没有什么反响，可能刚好赶在了圣诞假期，也可能是大家并不太关注内网。后来我们决定给各个区域的人事联络人一一发送邮件推广项目，我也因此在开发计划署的工作网络中建立了最初的结点，从这里出发，我织起了越来越大的网。我们的信息散播非常有效，陆续从世界各地的办公室收到 30 多封用人请求。在之后的几个月里，与国家留学基金委的对接以及各个地区办公室的互动都有条不紊地进行着。这其中有对提交系统不熟悉或不按要求填写岗位需求的，有对后续流程充满疑问的，有提出特殊要求的……我都要根据具体情况一一处理。导师教我开启了第一步工作之后就放手让我去做，按我自己的方式和节奏来工作。偶尔碰到棘手的情况，我会去询问他的意见，他的工作经验使他能够看到我所不及的方面，考虑得更加周全。

在伙伴关系这个领域工作得越久，越能养成周全的思维方式，因为写一则通知或回复一封邮件都要考虑到其可能对合作关系产生的影响。我的大部分工作都以邮件交流为基础，交流对象可能是人力资源专员，可能是其他领域的专业官员，也可能是某一个地区办公室的领导。每个办公室的行事方式都有所不同，有的热情而直接，有的认真却古板，还有的始终不予回复，时间一久，我了解了大家的交流风格，写起邮件来也更有把握。还记得刚开始，我写一封邮件要花好长时间，再反复检查好几遍，还要抄送给导师。到后来"秒回"邮件，自己一个人也能应对特殊情况，连导师都说不用再把邮件抄送给他了，他相信我能够独立完成得很好。

让·吕克先生是一位难得一遇的好老师，他永远那么细心、耐心，尊重我的想法，相信我的能力，给我足够的发挥空间，愿意让我承担更大的责任，知道什么时候该提醒我，什么时候该放手让我去做。他时常给我肯定和有效的反馈，大到处事方式，小到标点修改，与我坦诚交流，亦师亦友。我生活中的重要事件和节点都会与他分享，他再忙也要抽两分钟向我请教中文和中国文化。每当我与其他实习生讲起让·吕克先生，他们都羡慕不已，因为并不是每个实习生都能遇到这么棒的导师，有的导师因为工作太忙连话都说不上，有的导师和实习生之间职级差异太悬殊而无法直接指导，有的只把边角小事交给实习生去做。导师的引领对于实习生来说影响深远，我记得在最后的送别会上，让·吕克先生和部门主管用"师父领进门，修行在个人"来形容我们的师徒关系，感动于他们专门为我找了一句中国谚语的同时，我不由得惊叹他们能把这句谚语用得如此贴切。回想起来，由于同在伙伴关系领域，导师总会向我解释很多事情背后的顾虑，而我也会从自己的角度出发提出想法，有时会与他形成互补。从刚开始每一件小事都为我把关，到之后非常信任地让我独立完成工作，导师和主管都很开心看到我的成长。

后来，其他同事也渐渐与我熟悉了，有时会在得到导师允许的情况下交给我一些工作，主要是初级专业官员选拔过程中的联络和面试笔录。对比其他实习生，我的工作面是最广的。我们部门共有四个实习岗位：伙伴关系联络、宣传、分析汇报和招聘。在我实习的前两个月，部门里只有我和另一名分析汇报实习生，所以实际上我们二人共同承担了四名实习生的工作。她离任之后，我便负责起新实习生的培训，但我发现即使我把工作交接给其他实习生之后，同事们依旧习惯把任务派给我。其实当时内心是窃喜的，因为这代表了大家对我的肯定和信任，但同时也意味着更大的工作量。有一段时间，国家留学基金委的联合实习项目进入了新阶段，每天一到办公室就要处理来自世界各地的邮件，同时那一周还要完成三份面试报告。对这种工作强度毫无经验的我决定硬着头皮去做，加班也好，压力大也好，我不能示弱。终于有一天，一位同事发邮件问我能不能再承担一项任务，我觉得是时候调整自己的工作节奏了，于是我回复说明自己的情况，解释没有办法再承担这项任务的原因。实习将近半年，这是我第一次对工作说"不"，暗自松了一口气却也有点抱歉，而同事却暖心地回复我说："我理解，对你来说向别人说'不'是一件很不容易的事情，你应该为自己感到骄傲。"

在联合国，顶着压力加班是一种很不被认可的工作方式，因为这意味着工作与生活无法平衡，同时其工作效率也会受到质疑。在非特殊情况下，每个人的工作量都是根据时间、精力和能力来调配的，如果工作量超出了这个范畴，就应该向导师反映；相反，如感觉自己的工作还不够充实也可以找导师调整。对比国内一些同龄人"996"的工作节奏，我时常感到不安，担心自己习惯了联合国的工作节奏而无法适应新环境。

5. 温暖

我的团队，是待我如亲人的团队，直到今天，我还能回忆起与每个人相处的细节。还记得，实习不到一个月，临近元旦，菲律宾同事莱米怕我一个人跨年太孤单，特意邀请我参加她的"新年趴"，与一群素昧平生的人一起包饺子、做美食，饮酒畅谈、游戏、唱歌，最后一起新年倒计时、赏烟花，因为大家格外照顾，我不曾有一丝陌生感。那一晚我的虾仁炒饭得到了公认的好评，第二天整个办公室的人见了我都说想尝尝我的炒饭。

同样担心我独在他乡会感到孤单的还有英国同事罗莉，每天清晨她都会一一与每位同事打招呼，热情地问一句："All well？"（一切都好吗？）时间一久，闻声便知是罗莉来打招呼了。她对我是格外嘘寒问暖，每当看见我下班时间还留在办公室敲键盘就催我早点回家休息，每当听我描述自己过了一个多么充实的周末或假期时，都会露出欣慰的笑容，大概常年独居在丹麦的她对我能感同身受吧。我十分喜欢她的英式口音，与她的英式幽默搭配起来，极具个人魅力。

的确，刚到丹麦时觉得生活有些无趣，以致到了下班时间都不想离开办公室。北欧的冬季昼极短，每天上下班也算是"披星戴月"了，但实际上工作时间还是八小时。商场和门店到下午五六点就关闭了，可逛的只剩下超市，所以各大连锁超市变成了我挖掘和尝试新品的宝藏，当然也踩了不少雷。再到后来，我开始了毕业论文写作，工作之余就泡在图书馆，虽然写论文并不是什么令人开心的事情，但至少生活开始变得更加充实。与此同时，我与同事愈发熟络，还加入了合唱团。员工餐厅每周五会变成"员工吧"，写完论文之后，我偶尔会和小伙伴去喝一杯或者去做志愿者。平时，大楼里的讲座、研讨会或其他有趣的活动，我都不会缺席，我的初衷是利用所有资源去开阔眼界。我发现，"结交"才是参加这些活动最大的价值。说起来，我在这栋楼里所结交的朋友绝大多数是团队之外的，有些人可能一周只见得上一次，但当我有问题时他们都会毫不犹豫地帮忙，有活动和聚会总是记得邀请我。直到现在，我还是特别想念那些开心的时光，与朋友坐在海边开香槟吃比萨、畅聊到天黑，在聚会上被强拉到舞池"尬舞"，给朋友过生日，和同事一起逆风骑行得上气不接下气，带他们去尝试一家叫作"China Box"的炒面和炒粉……我们并不是什么知根知底的朋友，但是每个人都很简单真诚地享受当下在一起的快乐，把自己的境况分享出来，有好事他们会替你开心，有坏事也会给你安慰，然后为你买一杯啤酒，冷不丁蹦出个笑话，又把话题拉扯到不知道哪里去了。

我依然保持着和一些人的联系，尤其是两位在那段日子里对我十分重要的人：一位是我寄宿家庭的女主人、朝夕相处的也门同事萨玛，一位是我的好闺蜜弗兰西斯卡。

萨玛是人力资源助理，七年前由于也门局势动乱，她申请了丹麦联合国总部的岗位，与丈夫一起来到丹麦。他们来自一个较为富足的家庭，萨玛出身于外交官家庭，丈夫姆阿玛是一位成功的商业精英，在来到丹麦之前，他们几乎没有为生活开销犯过愁。但到了丹麦之后，姆阿玛不得不眼看着自己一手经营起来的公司随着家乡的建筑一起在战火中湮灭，而后又做了三次心脏手术，加上不会说英语，无法工作，家庭的一切收入都依靠萨玛。在他们的文化里，男人理所当然

地应该为女人的生计负责,所以刚来到丹麦时,姆阿玛因为要花妻子的钱而对外界的人和事变得很敏感。为了不让丈夫多虑,萨玛也做出了很多努力,一面养家,一面照顾家庭和丈夫的健康与情绪。然而,这种窘促在我踏进萨玛家时根本看不出来。家里那么整洁,那么明朗,精美的地毯和绣着纹样的挂饰、干净到没有烟火气息的厨房、装满她从世界各地收集来的小纪念品的玻璃柜、香薰、烛台……我第一眼就喜欢上了这里,殊不知维持这个家正是萨玛的一大压力。萨玛有一些"强迫症",尤其是对待厨房,一切都要按照她的规则来摆放和使用。刚到她家的时候,她常常当面告诉我什么物品应该放在哪里,或者指出我有哪些东西使用不当。说实话,有时候我觉得她像妈妈一样唠叨,很不自在。但是唠叨之外,她也像妈妈一样照顾着我的饮食起居。恰好我是个印度菜爱好者,也门家常菜和印度菜风味相似,又与中国的新疆菜异曲同工,我住进来真的没少吃:咖喱、羊肉手抓饭、黄油鸡肉、蘸酱(一种也门特色菜)、烤肉卷饼……他们从不吝啬地与我分享,看我吃得越多就越开心。周末,他们还带我去游乐场游玩,去湖边野餐,在我生日的时候给我做"士力架蛋糕"、偷偷为我准备生日礼物,就像爸爸妈妈对待孩子一样。他们没有自己的孩子,萨玛常说,如果自己有孩子也大概是我这个年纪了,所以我住在她家就像突然多了一个中国女儿,我也时常称萨玛为我的"也门妈妈"。为了给我的也门妈妈减轻一点生活压力,除了有时会预付房租,我还会帮忙做些家务,听萨玛发发牢骚,或者听她聊聊伊斯兰文化和《古兰经》。斋月期间,我尝试了一天斋戒,饿得连玩手机都无法集中注意力。这使我想到,世界上还有一些战乱国度和贫瘠之地的人们终日食不果腹,更加坚定了我加入联合国的决心,同时我也很欣赏这种饿其体肤、锤炼信仰的魄力。在后来的相处和聊天中,我加深了对伊斯兰文化的了解,也一直都很注意尊重他们的宗教文化和生活习惯,从不带猪肉和酒精进家门,萨玛祷告时我会轻手轻脚的,斋月尽量不在他们眼前吃东西，开斋节与他们一同庆祝……我对其文化的兴趣和尊重，把我们的关系拉得更近了。回国的那天，萨玛一直把我送到机场检票口，紧紧地抱住我，像妈妈第一次送孩子出远门一样掉眼泪。我告诉她要记住自己有一个中国女儿，哪天来到中国，我会像照顾自己的爸爸妈妈一样招待他们。转眼已经回国三个月了，这期间我们一直用微信保持着联系，好像一切都没有变，只是下班回家桌上已经没有专门为我留的烤肉和馕饼了。

我的好闺蜜弗兰西斯卡来自意大利。我们之所以关系亲密，是因为我们身上有很多相似点，我们都有联合国梦，都习惯了远离家乡独立生活，都喜欢莫斯卡托葡萄酒，都是一天能在市中心徒步十几公里的疯狂步行者。我们的不同之处是她实在太健谈，以至于和她在同一间办公室工作很难不被分心。意大利人的热情洋溢很容易感染身边的人，时间一久，我也开始变得健谈，我们上班见面聊，下班在社交软件上继续聊，周末还要泡在一起聊。我们像连体婴儿一样，在五个月的时间里成为了彼此生活中的一部分，如果哪个周末不在一起度过，我们双方都会感到不习惯。聊起生活近况或身边的八卦趣事，我们默契到不需要做任何背景说明，一个眼神或一个表情就能明白对方在想什么。我忍不住感叹我们之间的默契，于是把"默契"这个中文词教给了她，没想到她在最后写给我的送别信里用到了，显然她领会了这个词的意义。她说，她的家乡普拉托可能是意大利中国人最多的小镇，可是她并没有交上任何中国朋友，也没想过能和一个中国人在丹麦成为这么推心置腹的朋友，她很感激我的陪伴，让她在丹麦过得快乐而充实。而我完全能够感同身受，也从未想过能和一个意大利人成为如此心心相印的朋友。

自己空降到一个语言与文化环境完全陌生的国度，紧张和惶恐是再自然不过的，两年前我初到苏格兰时也曾下意识地缩在自己的舒适圈里。随着一些无法避免的接触，我开始慢慢了解和习惯异质文化，探索人与人之间的共同之处，适应差异并慢慢把差异变成习惯。曾经走在大街上，我会下意识地去分辨每个路人的国籍，不知不觉中，这种习惯消失了，来往行人只是路人甲乙丙丁，是和我一样奔走在欧洲某国某地某条街道上的人，没有什么区别。我想，当一个人不在潜意识里做文化区分，能不假思索地开口与人谈话，而不是先在心里紧张地梳理语言，大概就已经融入了异质文化。

6. 印象

　　初到丹麦，其实并没有想象之中"童话王国"的感觉，整个哥本哈根的建筑风格很单一，色调和形状透露着典型的北方民族的粗犷和简朴。但是内饰却极具设计感，从家具到摆件都是很有格调的极简主义风格。每天下班回家的路上，我都会忍不住驻足在商店的橱窗外欣赏，心想以后有了自己的小窝一定要装饰成这样，但是看完吊牌价格之后又被一盆冷水泼回现

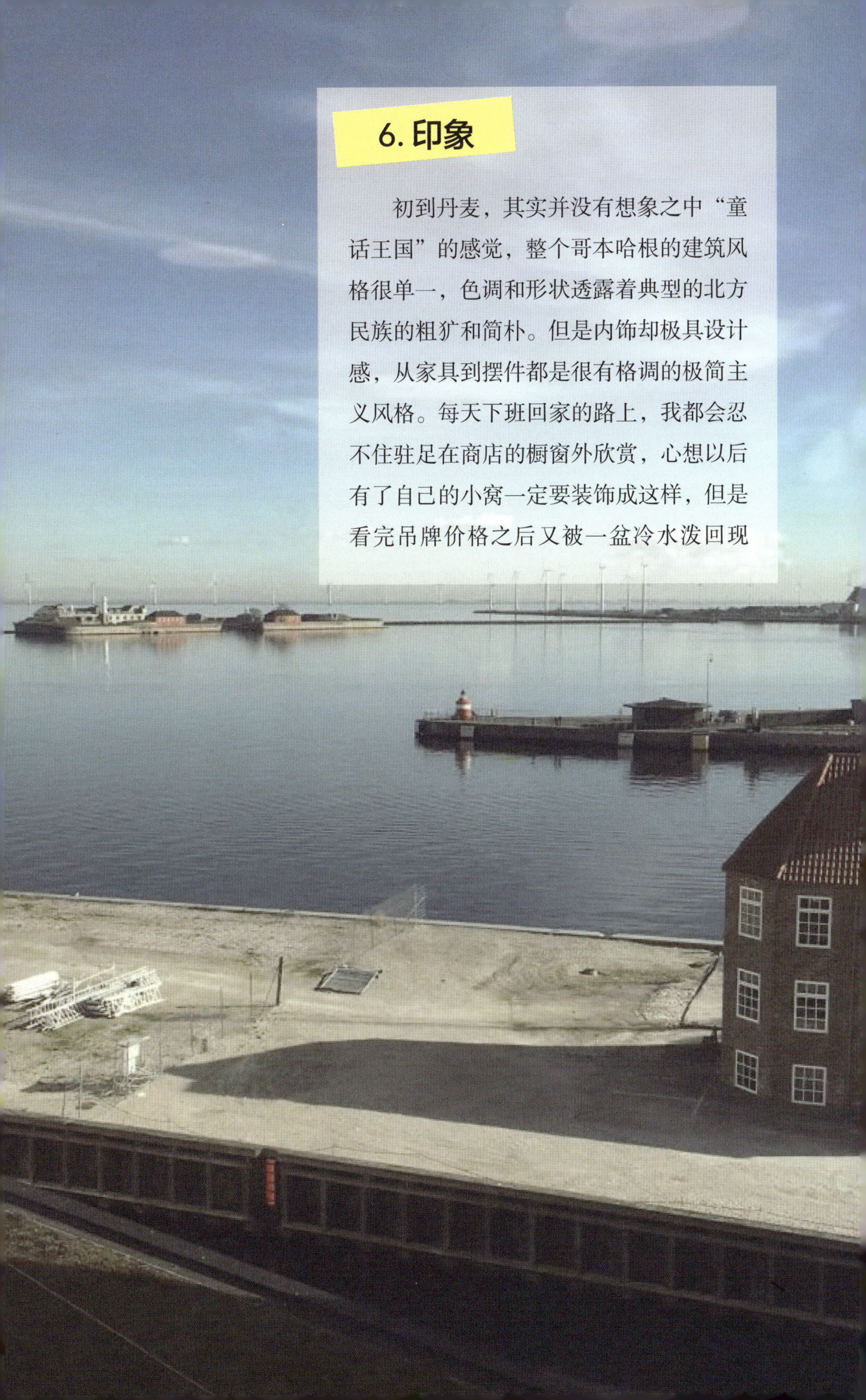

实。丹麦的物价很高,丹麦克朗和人民币大概等值,随便在一家餐厅点一道主菜价格都在 140—180 克朗之间。为了不把钱花在雷区,我极少在外用餐。丹麦人很喜欢吃猪肉,丹麦也是世界上最大的猪肉出口国之一。在丹麦比较出名的一道菜,也是圣诞餐桌上必不可缺的一道菜,就是洋葱苹果烤猪肉,猪肉切成薄片,烤得皮脆肉嫩,配上烤软的苹果和洋葱解腻。丹麦人的饮食结构非常健康,对很多人来说,两片又硬又酸的黑面包,放上一罐腌渍鲱鱼或金枪鱼,再配点蔬菜沙拉,一顿午餐就完成了,这就是当地人所说的"开放型三明治"(open sandwich)。上述只是最简单的做法,市场上还有好多种让人眼花缭乱、食欲大开的开放型三明治,每个的价钱通常是六七十克朗,性价比并不高。而在中国热卖的丹麦曲奇其实没什么特别之处,反倒是黄油曲奇更胜一筹。丹麦人很爱喝酒,尤其是啤酒,一位丹麦同事曾跟我说,丹麦人喝酒从不嫌早,他们可以从早上 9 点就开始畅饮。此外,丹麦人还酷爱骑自行车,哥本哈根被誉为"自行车之

城"。但就是这样爱喝酒又爱骑车的城市,却没有多少"马路杀手"。不过,在哥本哈根骑自行车的确是一件很有挑战的事,早晚高峰时自行车大军风一般地在城市的主干道上呼啸而过,大多数车都是变速挡,好多人把通勤骑行当作极限运动,新手上路难免怯场。不过城市里的自行车道与机动车道隔离得很好,且有各自的交通指示灯,人们都戴着头盔,不装车灯夜行是会被罚款的。从道路交通管理来看,有很多值得我们借鉴的地方。我对丹麦人整体的印象是:简单、善良、有创新意识。丹麦国民素质整体较高,乐观善良,虽然生活过得很简单,脑袋却很有想法,尤其是在环保和可持续发展方面,始终走在世界前列。

转眼已回国九个月了,回想起办公室外那片深蓝的海和海边发生过的故事,以及与海天相映衬的联合国的蓝色旗帜,倍感亲切。虽然没能以正式员工的身份留任,但这份"联合国蓝"已经印刻在我的心底,成为我人生道路的主流色调,引导我砥砺前行。"好风凭借力,送我上青云。"我感恩自己生长在追梦国际组织的黄金时代,通过国家资助踏进了联合国,离梦想又近了一步。逐梦之路道阻且长,希望有一天再回到那里,我已经是联合国的一员了。

作者简介
About the Author

孔璐,北京外国语大学国际组织项目班国际经济与金融方向 2019 届毕业生,于 2018 年取得英国爱丁堡大学国际人力资源硕士学位。曾于联合国开发计划署初级专业官员中心实习,负责联合国开发计划署与中国国家留学基金委员会合作的实习项目联络工作。回国之后继续于联合国粮食与农业组织北京办事处实习,现就职于英国驻华大使馆新闻媒体处。

纯洁冰雪，激情相会

王瑶

与联合国、世界银行等知名国际组织不同，国际冬季运动联合会是一家非常年轻的、仍处于起步阶段的国际组织。国际冬季运动联合会，简称"国际冬联"，是 2018 年 6 月在比利时正式成立的非营利性民间专业协会。通过搭建全球冬季运动专业人才的交流平台，国际冬联致力于促进冰雪运动的全球大众化和普及化。在中国成功申办 2022 年冬奥会的背景下，国际冬联近年来加强了与中国地方政府在冰雪运动与冰雪旅游方面的合作，助力 2022 年北京冬奥会，推动中国冰雪产业的发展。而我有幸作为项目助理和翻译加入了国际冬联的中国团队，在为期五个月的实习中协助团队开展中国地区项目。

1. 因缘际会,加入国际冬联

2018年12月下旬,国际冬联主席、世界罗佩特运动协会主席尤哈·维利玛先生受邀从芬兰来到中国,参加第三届吉林冰雪产业博览会和第22届长春冰雪旅游节开幕式。尤哈先生与其家人由北京入境,希望在飞往吉林之前先在北京进行为期三天的游览,因此协会决定在北京紧急招募一名短期实习生全程陪同。我当时正值大四上学期,已经完成了研究生的推免流程,时间较为充裕;再加上是土生土长的北京人,对当地很熟悉,便报了名。

这是我第一次负责长达三天的对外接待工作。为了让尤哈先生一行获得较好的访问体验,我提前做了很多准备工作,包括制订游览行程,预订酒店、接送车辆和餐厅等。除此之外,我还查询了部分景点的历史文化背景,方便到时讲解。尽管做了以上准备,但是在实际的陪同过程中,还是暴露了一些考虑不周的地方。首先是在景点的选择方面,在接待过程中,我观察到尤哈先生一行人对于历史悠久、富有中国韵味的景点,例如天安门、故宫、景山、鼓楼、钟楼等,兴趣十分浓厚;而在游览商业气息较为浓重的景点时,例如王府井大街、南锣鼓巷、后海等地,则显得意兴阑珊。其次,在实际讲解的过程中,我发现自己对于中国历史知识的储备还十分匮乏,对于著名景点的历史背景无法进行充分的说明。最后,在交流过程中,如何得体地回答有关我国的政体、网络主权、公民权利等较为敏感但却经常会被问到的问题,也是一大考验。因此,在这一看似简单、实则不易的接待工作中,我收获了经验,进行了反思,也开始有针对性地弥补自己的不足。我认为,这些经验与反思对于未来的外联接待工作,对于在文化多元的国际组织中的工作,都是大有裨益的。

2. 身体力行，助力中国冰雪

由于接待工作整体完成出色，经过正式考核之后，我成为了国际冬联的长期实习生，开始全面接触国际冬联的工作。在这里，我不得不提到刘琴女士，她是国际冬联的执行主席，也是我的实习主管，更是一位良师。刘琴老师是一个极其严谨与细致的人。在工作初期，我负责国际冬联中国团队的名片制作、官方邮件起草，以及大量翻译工作。我虽自认为是个细致的人，但是却常常因为一个"不起眼"的空格、标点符号，或者个别不准确的字体而返工；一封官方邮件也常常需要修改三四遍，才能达到"亲切有礼、用词得体、言简意赅"的要求。虽然前期磨合的过程比较辛苦，但是多亏了刘老师的高标准与严要求，才培养了我严谨、细致的工作习惯。这些工作习惯对于涉外工作者，尤其是代表国家身份的外联工作者来说，是必不可少的。

实习期间，我还接触了很多国际冬联与东北地区地方政府的冰雪

产业合作项目，也随团去黑龙江和吉林进行了实地考察。由于2022年冬奥会为中国发展冰雪经济带来了巨大的契机，再加上东北地区得天独厚的冰雪资源，因此东北地区各地都有强烈的发展冰雪产业的愿望，急需引进国外先进人才、设备、技术和管理体系，这就为国际冬联和当地政府的合作提供了机会。在我实习期间，国际冬联先后与哈尔滨市旅游发展委员会和吉林省长白山管委会签订了合作备忘录，成为当地冰雪经济发展的顾问团队和合作伙伴。在接下来的几个月里，我随团队到哈尔滨市亚布力滑雪场考察，评估当地承办国际赛事和大众娱乐赛事的能力。我们也协助长白山管委会举办了"国际（长白山）寒地经济论坛"，为国内外体育、经济、文化、旅游等各界人士提供平台，探讨充分发挥长白山冰雪经济潜力的发展策略。不仅如此，我们还联合人民体育网制作了十一期人物专访节目《冰雪大咖说》，通过对国际奥委会名誉主席罗格、国际冰球联合会主席法赛尔等知名人士的采访，向国内外宣传中国巨大的冰雪市场，助力中国冰雪事业的发展。在这些项目中，我不仅充分锻炼了自己的项目策划与统筹能力，而且获得了与国内外知名的冰雪企业家、冰雪运动联合会负责人交流的机会，极大地开阔了眼界，也对中国冰雪产业的发展潜力有了新的认识。

3. 脚踏实地，关注东北振兴

实习期间，借着国际冬联与东北地区地方政府的合作契机，我得以跟随团队对当地进行考察，同时参加当地政府与企业的部分洽谈会议。借此，我逐渐了解到壮大冰雪产业、发展冰雪旅游对于东北地区来说不仅是新的经济增长方式，更是实现其振兴战略的重要手段之一。出于学术研究兴趣，我开始沿着这条线索查找相关的政府报告、经济数据和学术资料，方才了解到：自2015年起，伴随着我国供给侧结构改革和经济转型的开始,以资源型经济、重工业和国有企业为主的东北三省经济增长遭遇断崖式下滑,形势不容乐观。东北地区作为老工业基地,正处于经济转型时期,面临着调整改造的挑战,这是一个世界性难题,也是工业化进程中难以避免的问题,英国伯明翰、法国洛林、德国鲁尔工业区、美国"铁锈地带"都曾面临类似的困境。同时,由于我国独特的经济结构,东北老工业基地改造还要解决计划经济占比过重、"僵尸企业"动力不足、中小型民营企业难以生存的问题,因此转型的过程只会更加艰难。

在此基础上,我研究了匹兹堡和芝加哥两个前"铁锈城市"的转型策略,并与国家发改委 2016 年 11 月出台的《东北振兴"十三五"

规划》进行比对，希望能通过横向分析，找到更好的老工业城市转型策略。与此同时，我的目光也更加集中在世界范围内的老工业城市转型，并希望能为这一不可避免的工业化阶段难题寻求因地制宜的解决方案。出于这一愿望，我在此后海外研究生项目的申请过程中，聚焦公共政策、公共管理、城市发展与转型等项目，希望能通过对海外项目的学习增加相关领域的知识，以便未来在国际组织或者政府部门为东北地区经济转型、世界老工业基地转型贡献微薄力量。可以说，在国际冬联的实习，不仅让我养成了严谨的工作态度，提高了实践能力，结识了珍贵的良师益友，更让我初步确定了未来的学术研究领域和工作领域，可谓受益匪浅。

4. 纯洁冰雪，相会北京 2022

《纯洁的冰雪 激情的约会》是北京 2022 年冬奥会申办委员会制作的宣传短片，我借此命名这篇文章，不仅是因为我在国际冬联的大部分工作都与 2022 年冬奥会和中国的冰雪产业相关；更重要的是，它代表了我对于 2022 年北京冬奥会成功举办的信心，也代表了我对中国开拓巨大冰雪市场，寻找新的经济增长支点，实现东北老工业基地改造，完成供给侧结构改革的期待。为了参与这一进程，我也需要在未来进一步加强学术基础，提高工作能力，为祖国发展贡献绵薄之力。

前路漫漫，抵不过众志成城；艰难险阻，胜不过万众一心。祝愿祖国的建设越来越好。中国，加油！

作者简介 About the Author

王瑶，北京外国语大学国际组织学院国际经济与金融方向 2019 级硕士研究生，2020 年将赴英国牛津大学攻读全球治理与外交理学硕士学位。曾在中国社会科学院、北京大学新结构经济学研究院、财新世界说担任研究助理；在国际冬季运动联合会、大众汽车金融公司担任项目助理；曾作为自由贸易区谈判中方代表团成员参加 2018 年中日韩青年峰会。感兴趣的研究方向包括全球治理与外交、国际领导力、区域经济一体化等。

我的初心我的路
——从为公桥到剑桥

杨冠宇

我和国际组织的故事，是一段不断前进的经历，在每个阶段都有不同的起跑点，包括广东外语外贸大学、北京外国语大学、联合国粮食计划署、联合国气候变化大会、剑桥大学，最后把这零零星星的点连接起来，便绘就了我走向世界的轨迹。

"世界人，中国心。"2016年北外研招办老师在广外宣讲时说的这句话，深深印刻在我的脑海里，不可磨灭。我和国际组织的故事，大约就从那个时候开始。当时的我还是一名英语翻译专业的本科生，对于"世界"的理解就是通过语言去探索不同的文化，利用语言来构筑沟通的桥梁。而那一刻我的联合国之梦，就是希望当一名高级翻译，在联合国国际会议中心小小的同声传译间里通过传声筒为人们传递信息。

为此，我的本科生涯一直是每天清晨6点钟起床，为了不吵醒室友悄悄地洗漱完毕，在天空还是一片漆黑的时候到教学楼架空层的自习座位上背单词、听新闻、练复述、学视译，循环往复，日有精进。现在回想起来，正是那段苦练的日子成就了我良好的英语素养。

直到参加了北外国际组织夏令营，第一次听到国际组织重要官员和大使分享的工作经历，直到结识了很多对国际事务抱有情怀与使命感、同样出身语言专业的同伴以后，我才发现，原来进入国际组织并不仅限于做一名翻译，只要有兴趣并努力掌握相关的社会科学课程，我们可以以更多元的身份投身于国际组织事业。这时，我领悟到，与其做一名传译人，不如做一名发言人。

后来，我收到了录取通知书，来到了为公桥边的北外，进入国际组织学院学习，主修国际经济与金融。每天接触的新知识让我既兴奋又担忧，兴奋的是对新知的向往以及对自我能力提升的挑战；担忧的是在人文科学向社会科学的转型初期，我常常陷入迷惘而不知所措，看不到隧道尽头的亮光，怀疑自己的能力，责备自己的愚钝，不知能否成功。

还记得学院有幸请来中国社科院城市发展与环境研究所、联合国政府间气候变化专门委员会报告作者之一的陈迎老师，为我们做题为"科学与政治互动：IPCC 与国际气候谈判"的讲座，让我印象十分深刻，也于无形中呼唤着我选择环境问题研究的道路。在讲座中，老师从科学与政治博弈的角度讲解了气候变化问题的真实性与严重性，同时指出了国际社会的气候治理问题，呼吁实现科学界与政策制定者之间更多的交流与合作。

还有一次，是在中国农业大学聆听中国国际发展讲座之余，结识了一位北外毕业并在非洲国家担任外交官的女士。讲座结束后，她给我和几位同学分享了她几十年前从法语专业毕业后，转行到金融与经济发展领域，最后以外交官的身份献身国际发展援助工作的经历。直到现在，我还依稀记得她回忆道："咱们学语言专业的学生，一开始在工作领域接触到社会科学的知识，是十分有挑战的，更何况还得用一门外语来学习。我当时特别认真，把每次学到的相关专业术语及其背景知识用中法双语记录下来，每天都复习，一点点地积累起来，就这样，我慢慢走到了今天。"那时候的我，刚确定去剑桥大学学习环境政策专业，面对这个完全崭新的领域又再次对自己的能力产生怀疑，而她的这番话让我坚定了信心，相信自己在语言专业学习中养成的踏实求知的习惯总有一天会让我从一名"菜鸟"蜕变成至少半个专家。

我和联合国实习的初遇，发生在亮马桥联合国大院里的粮食计划署。还记得那天去面试项目开发志愿者岗位，我看到的联合国大院与想象中的完全不同，比起纽约联合国大厦和日内瓦联合国总部大楼，仿佛更朴素、更接地气。话说，我能够成为这里的实习生也出于偶然。人力资源部门的负责人告诉我，如果不是有一天她检查邮箱中的垃圾邮件，也不会发现我投递的简历，当然也就不会有我在联合国大院里两个月的实习经历了。

我的实习任务并不繁杂，主要是协助项目官员翻译和校对粮食计划署与省政府合作的"学龄前儿童营养午餐"项目合同。但由于双方的合作商谈总有变数，所以项目合同从我实习开始，不断修改了两个多月。尽管实习工作比较简单，但在那两个月里，我还是有不少感触。

印象中，联合国粮食计划署驻华办公室没有华丽的装潢，有的是踏实朴素的努力与追求。我仍记得从办公桌窗前可以望到的一棵长得很高的树，在冬天依然挂着稀少的叶子。每次校对有些倦意时，我总会望着那棵树，想到虽然每天忙乎的是一些文字活儿，但这对于确保合作双方顺畅而准确的沟通十分关键，关乎整个项目能否最终落实，决定孩子们能否吃上营养丰富的午餐、身心能否健康成长，乃至最终他们能否脱离贫困生活、走向富裕。这样的遐想可能有些宏大，但我确信，我的工作就像那棵树一样，并非要做出一番宏伟的贡献，只求拼尽全力把根基扎稳扎牢，保证细节到位，为项目的顺利实施与成果评估奠定必要的基础。

在实习期间，虽然没能接触到粮食计划署各个部门的工作人员，但我"道听途说"，还是对这里的主要工作有了些许了解，并因此对联合国的工作更加向往。中国约于 2006 年从粮食受援国变为援助国,并加入了"南南合作"等经济技术合作项目。此外,由于我国贫困与粮食问题依然存在,粮食计划署驻华办公室还设有专门部门,负责与政府和热心企业共同合作开展项目,实现农产品从田间到餐桌的整个产业链在农村地区的顺利运行,帮助妇女、儿童、老人乃至整个家庭改善生活状况,实现可持续发展。

后来,由于开学以后学业繁忙,同时准备申请留学奖学金,我抱着些许遗憾提前离开了实习单位。那个看似平凡的寒假,让我有了更广阔的视野。临走时,我在联合国大院门前拍照留念,并发了一条朋友圈:"从这里,走向世界。"悄悄地,我走了,心中对未来仍是迷茫,甚至没有完全确定出国研究的方向,始终纠结着该选择环境问题研究还是利用这次实习经历探究粮食问题。然而,伴着这份挥之不去的迷茫,我的内心对进入国际组织工作笃定了信念。

以联合国粮食计划署为跳板出发，我在 2018 年 10 月开启了剑桥大学的硕士学习之路。我不得不承认，由于缺乏相关学术背景，一年的专业学习绝非一帆风顺。一开始面对着总是听不懂的课程、身边无比优秀的同辈们、48 小时内四千字的论文考试、独自一人在国外求学的孤独，我常常感到无助与迷茫，但抱着学习国外环境政策和经验为中国环境治理提供建议的热情，我坚持广泛阅读，虚心地向教授与同学请教。为了加强对这一领域的认识，我选择挑战偏科学领域的课程，克服种种困难，最终获得该课程"优秀"的成绩。

在国外求学,每当听到授课老师提到中国,看到课件上中国建设的大型太阳能项目的照片,想起中国可再生能源设备生产领域的全球地位,面对外国友人对中国能源转型进步赞不绝口的时候,我都为自己是一名中国人而感到骄傲,为祖国在能源技术方面取得的成就而感到自豪。

设计毕业论文时,为了向西方学者展示中国在气候变化方面做出的努力,我专门采访了国内几位非政府组织的青年从业者,倾听他们在气候变化理论传播过程中遇到的挑战与艰难、喜悦与希望。在向青年传播气候变化知识方面,他们尝试通过各种媒体,在线上线下鼓励青年参与环保行动,比如"高校节能"计划、低碳家庭展览、线上课题学习小组,甚至在音乐节上呼吁人们少吃肉来减少个人碳足迹。这些进展,都展现了我国公民社会层面对气候问题的积极举措,同样也是我国气候治理的成果。

最后一个平台,同时也是在剑桥大学念书的一段插曲,是我在 2018 年 12 月以青年代表身份参加的第 24 届联合国气候变化大会。会议期间,我有幸与来自世界各地的有志之士进行交流,聆听他们针对不同角度的报告,了解到不同种族、不同国家、不同地区为了一个共同目标所做的努力。坐在观众席上看解振华主任在主会场和"中国角"回顾我国一年来的减排成绩,我感到无比骄傲。的确,世界需要看到中国的努力,作为碳排放大国和发展中大国的中国,需要展现大国担当与力量,而实现这一点,更多的国际组织人才培养必不可少。

从广外英文学院到北外国际组织学院,从联合国粮食计划署实习生到气候变化大会中国代表,再到剑桥大学的硕士研究生,我一路摸索的轨迹似乎看不出联系,充满着青年时期对理想的举棋不定与自我怀疑,而如今的我也确实时刻拷问着自己:我究竟能够为这个世界做些什么?从剑桥大学毕业,我决定读博以进入国际组织,当然,这条路挑战重重,用"道阻且长"来形容再合适不过。但不论如何,唯一不变的是我对国际组织工作的向往,希望凭借我的专业知识与语言专长,进入国际组织,以中国代表身份助力解决世界环境问题。

作者简介
About the Author

杨冠宇,北京外国语大学国际组织学院国际经济与金融方向 2020 届毕业生,于 2019 年取得英国剑桥大学环境政策哲学硕士学位。现准备攻读环境行为方向博士学位,主要从环境心理学、社会学等跨学科角度研究环保行为,尤其是能源使用行为,在全球范围内推广可持续发展生活方式。

可持续发展工作中的自我发展
——我在联合国

易桐宇

1. 发展很广阔，自己找角色

我意识到自己喜欢发展工作，是一个从感性投入到理性实践的渐进过程。学生时代参与志愿者工作，每一次接触特殊群体，我都一心想着给他们最好的陪伴和精神上的鼓舞；后来从事发展项目，在捐赠人的问责、同事的引导和目标群体抛出的种种问题中，我才开始不断反思：我们想要帮助的人究竟需要什么？在有限的资源下，我们怎样做才能让最多的人在最大程度上受益？这其中最困扰我的事情是：我究竟能做些什么？

2018年夏天，我刚刚毕业回到北京，为寻找自己的第一份工作开始忙碌。我经常性地把自己推向与自身兴趣南辕北辙的"大厂"，一遍遍叙述着难以说服自己的职业规划，心中原本隐隐想要探究中国国际发展机会的想法却越来越强烈。翻阅联合国的岗位清单，除了运营、宣传、人力资源、互联网技术支持这样的行政角色，还经常出现"气候变化和灾害治理""'南南合作'和国际事务""可持续发展金融"等以项目为基础、名称非常吸引人但听来毫无头绪的实习与工作机会。初投简历，由于从事过一些发展工作，我获得了面试机会，然而最终却因技能不匹配、与自我预期出入较大而在激烈的竞争中出局。当别人向我推荐联合国开发计划署驻华代表处贫困、平等与善治工作组时，我再次打开网页检索起它的工作内容。当我看到乡村扶贫、女性经济赋权、可持续旅游、小额贷款等项目时，过去的经历被一个个串联起来：曾在乌干达评估小额贷款，给当地妇女提供记账和小微营销培训；在华盛顿特区倡议社会关注女性中小企业家，并为她们的事业融资；在秘鲁的村落调研如何改善有机农业和生态旅游的运作方式，提高经济效益。难以按捺内心的喜悦，我赶紧提交了申请，在几轮面试以及与项目经理愉快的交流后，我得到了在贫困、平等与善治工作组实习的机会和一个同样值得揣摩的头衔——落地可持续发展目标项目实习生。

后来从我的搭档处得知,她是金融专业的,对个人征信体系有过研究,由于实习工作与可持续金融相关,我们的专业知识和实践经历就显得较为契合。这也印证了我对发展事业的想法:随着发展领域越来越专业化,我们不是简单地凭着感动和热情去工作,而是要了解行业的趋势和需求,运用扎实的知识和技能做好发展事业。一项有广泛应用基础的技能,如编写程序、宣传设计、分析研究等,必定能在发展领域得到重用。同时,对一项议题多年的关注和参与,也可以增加自己在这个细分领域下的专业程度,在职业选择中获得难以替代的优势。从另一方面来看,相对其他行业,发展领域的工作往往充满挑战,因为新问题层出不穷,我们又经常聚焦金字塔底层人群及其经济发展事务而忽略其他因素,这让国际发展工作显得尤为重要且急需突破。

2.发展很年轻,一道去摸索

这次实习并不是我第一次接触联合国开发计划署。在读研期间,我曾加入性别平等研究工作组,协助开发计划署纽约办公室调研世界各国女性在公共事务领域的参与程度,对开发计划署的工作已有预期。与我们平时从联合国项目宣传中了解到的不同,作为实习生,我很少深入一线去协助开展项目,很多田野调研和项目推进工作都由长期驻扎在基层的联合国志愿者以及定期访问的项目经理完成。在北京驻华代表处,我们的工作更多地起到连接和示范作用,通过研习联合国的发展目标和工作方法,与国家部委、地方政府、企业和专家学者充分合作沟通,发挥自身的研究能力和发展经验为一个个项目制订落地方案,搭建起伙伴关系并为各方提供技术指导和能力建设。这些项目通常是将某个城市、乡县作为试点,发展工作者通过推动项目寻找规律、发现问题、评估结果,从而将试点方案转化成可在更大范围内推广的方法,这样的工作往往需要数年时间和各方专业人士的参与。

作为实习生，可能会接触到不同阶段的项目，这时候让自己尽快熟悉项目情况非常重要。阅读已有的项目文件和材料，拓展了解相关主题的发展理论和全球最佳案例，与项目经理及相关人士展开交流，最终形成自己对项目的认识和理解，这样才能更好地参与之后的工作。

在此次实习工作中，需要调动起自身稳定的笔译、口译、研究、写作等能力。除此之外，还需要在组织会议和接待合作方面展示出较好的人际交流和沟通能力。其实，国际发展与其他职业一样，会给主动、能够发现问题的人更多机会，在工作中也大可少一些顾忌和刻板形式，把自己的所长与创新性带到项目中去。在完成自己的工作之余，也可以经常和其他项目组同事沟通交流，集思广益、寻找资源、相互帮助，把项目做得更好。这期间，我也曾做过"联合国日"活动的志愿者，参与项目会议、年会的组织，利用一切机会充实自身，最大化地丰富每一天。

发展工作常常会引导你接触很多处于时代前端却又尚未被广泛关注的议题，在为最新的发展方案感到兴奋并憧憬的同时，我也感受到了工作中隐藏的挑战。其中一个很大的问题，便是我们只有非常有限的历史经验和数据供参考学习。初次接触前沿试点项目，我和实习搭档没有现成的项目指导可以参照，甚至涉及该行业的规范在中国也尚未形成。在项目经理的指导下，我们跟进和学习国际经验，并结合中国试点地区情况探索对其进行调试和转换的可能性。有时也会跨行业地吸收既有的工作方法，研究一些成熟的行业规范，与私营机构合作并吸取意见。我们常常需要整份整份地阅读报告，只为了提取一个更科学、更贴近项目需求的指标。在这个过程中，结果往往是不确定的，大量的准备工作和输入可能无法有效转化为落地成果，挫败和迷茫的心情可想而知。但同时我们也能感受到项目带来的开创性意义，只有不断去试错、去总结，稳健地探索项目实施方法，才会给相关领域带来更多可能性，进而见证它早日产生影响。这份实习工作带给我的参与感和社会责任感是其他很多工作都难以满足和取代的。

　　同以往一样，这份实习工作最让我感到幸福的莫过于与很多志同道合的人一起为相似的目标努力，一起成长。清晨上班时，我习惯浏览内部工作系统的讨论板块，那里有全球的开发计划署工作者就自己的项目分享的观察、思考和问题，世界各地的其他同事也会积极回应，发表意见，共同探求解决方案。在这里，你能够感受到这是一个紧密联系的群体，虽然大家互不相识，也未曾在工作上有过交集，但都如此关心社会经济、环境、弱势群体遇到的问题，并用极大的热忱和高度的专业能力做出积极改变，让刚接触发展工作的我们既警觉于各类问题，又从中看到希望。另一方面，在联合国大院中，几乎每周都会举行各种主题、形式不一的会议和活动，我们得以接触到资深的活动家，非政府组织机构、智库人员，助力发展事业的公众人物、企业家，了解他们奋斗的故事和对公共事务的看法。令我印象深刻的一次是与一名朝鲜项目官员的交流，她向我们强调：仅仅刻苦努力是不够的，还要聪明灵活地去从事发展工作，科学地制订计划，和你的目标群体打成一片，每一步都要反思并总结经验。她告诉我们，尽管环境对发展工作有很多限制，但当她真正接触到项目延伸惠及的"最后一公里"的群体，看到项目为他们的生活带去的改变时，也真切地感受到自己的工作都是值得的。我想，她的体会也反映了很多发展工作者在这个领域坚守下来的原因，只有不断践行，我们才可能接近那个心中希冀的社会。

3. 发展路很长，携初心前行

在联合国大院，我度过了一段每天都充满期待的时光，也印证了许多对这份工作的设想：包容、多元、催人成长。在包罗万象的发展领域，我发现自己鲜有精通的专长领域，筹募基金、设计项目、监控与评估以及商业运营，都有太多值得我潜心学习、深入实践的地方。我想，发展有很多形式、很多路径，虽然在之后的工作中，我选择了暂别国际发展领域，但我期望有一天能够带着更多实业经验重新应对这些挑战。我曾看过一个宣传短片，其中指出，在日常生活中 80% 的人并不会身居一线解决社会公共问题，但他们持续的关注和支持可以让最专业的人留在专业领域做最专业的事情。发展工作并不会远离我，在联合国开发计划署的实习让我对未来有了更清晰的规划，可以怀着目标进行自我积累，希望在长途跋涉后，我能够再次回到这个起点。

作者简介
About the Author

易桐宇，北京外国语大学国际组织项目班国际法方向 2018 届毕业生，同年取得美国匹兹堡大学国际发展硕士学位。曾就职于联合国开发计划署驻华代表处，于贫困、平等与善治工作组担任落地可持续发展目标项目实习生，参与多个中国可持续发展试点项目的筹备和支持工作。

国际组织里的人

刘岳青

下了电梯，那熟悉的大熊猫标志映入眼帘，我深吸一口气，继续往里走，走到门口却踟蹰不前，便又回到憨厚可爱的"大熊猫"前，思绪也被拉回十年前。

第一次听说世界自然基金会，是小时候参加英语比赛，演讲主题是"环保"。世界自然基金会作为全球最大的环境保护组织之一，也加入了承办方。因此机缘，每位参赛的小选手都拿到了一本英文备赛材料，介绍各种环境问题和环保知识。年幼的我认真地阅读了整本手册，将生词一一查阅，做了标注。手册开篇便是"WWF"（World Wildlife Fund），翻过字典后，我认真地在一旁写下了"世界自然基金会"，铅笔字迹稚气未脱，我就这样与世界自然基金会相识了。

现在想来，那时的我对自己还不甚了解，也从未仔细思索过未来的样子，更未真正体会"梦想"二字的重量。可初生牛犊不怕虎，儿时自信得肆无忌惮，那时的努力也心无旁骛。正是这场比赛让我认识了"WWF"，也为自己和英语的缘分埋下伏笔，后来的高中和大学生活也都未离开"外国语"三个字。再后来，又到北京外国语大学国际组织学院攻读硕士学位。大四上学期末，我想着要找份实习工作来充实本科生涯最后的时光。当时已经知道自己即将进入国际组织学院学习，应该多积累些国际组织相关的实习经历，又正巧看到世界自然基金会的招聘信息。于是，十年前那个捧着小册子要从字典里查一查"WWF"的我，十年后竟然真真切切地站在了它的门前。

  我终于还是深吸一口气，踏入了世界自然基金会的办公室，眼前的景象却和想象的不太一样。"国际组织"四个字常有着"高大上"的气质，我以为这里会有宽敞的办公场地和严肃的办公氛围，然而并非如此。尽管办公区域很大，但同事们也很多，密密麻麻的工位竟使偌大的办公区略显拥挤。室内陈设似乎也不是严肃的职场风格，墙上贴着环保海报，工位间摆放着东北虎、鸭嘴兽等濒危动物的卡通形象布偶和各类中英文项目宣传手册。霎时，一股亲切随意的气息扑面而来。办公室一隅还有一片林间木屋风格的小天地，十分质朴自然，这就是我们面试的地方。

因为想要更宏观地了解世界自然基金会的整体运作方式并接触更多的人，我选择了总干事办公室为目标部门，该部门主要负责世界自然基金会中国总干事的辅助工作和其他相关行政工作。面试时，我第一次见到了山姆。山姆是总干事助理，第一眼看到他，他抱着笔记本电脑风风火火地跑来，头发一跳一跳的，我忍不住低头抿着嘴笑了，心想，这个人一定很有意思。山姆很年轻，戴着一副上方下圆的眼镜，上身毛衣套衬衫，搭配一条浅色裤子，清爽利落，还有一丝淡淡的时尚感。面试正式开始，我介绍着自己与世界自然基金会的渊源、本科的学生工作和实习经历，以及选择北外国际组织学院的决定。山姆一边听着，一边手指飞快地在键盘上翻飞，噼里啪啦的键盘声像紧密的鼓点，我也从刚开始见他的忍俊不禁变得认真起来了。我从未见过谁打字如此之快，眼前的他果然有着想象中高级助理的样子。之后山姆向我进一步介绍了总干事办公室的工作范围和工作内容，和他的打字风格截然相反，他说起话来语速并不快，并且十分谦逊温和。

面试完出来，我遇到了之前一起面试的女生小宛，便和她聊着天往外走。小宛是个台湾姑娘，可她说起话来并不像台湾偶像剧里那样温婉娇柔，倒是十分爽利。一起走向地铁站的路上，我们逐渐打开了话匣子，再加上两个"路痴"找不到地铁站绕了路，更是有机会聊了许多。小宛就读于北京大学政府管理学院，实习经历丰富，还有国外实践经历，是个有思想、有主见、对自己要求严格的女孩。当然，初次见面，我们两个"吃货"聊得最多的还是美食，我激动地向她介绍我最爱的几家北京小店，也向她打听着台湾小吃。临别前，我们相约一定要到彼此的家乡尝一尝地方特色。

面试后，我很快就接到了录取电话。上班第一天，山姆介绍了世界自然基金会的各个部门及其工作重点，我能感觉出他对世界自然基金会十分了解，上至宏观管理，下至具体项目。他还向我介绍了办公室的工作氛围：这里没有太明显的上下级关系，虽然每个人的职位不同，但同事间的相处模式不因级别而变化，对每个人都直呼其名就好。我对此有些讶异，但也很快就融入了这种从未体验过的办公文化。中午，山姆带我去吃了在世界自然基金会的第一顿午餐，我向他请教了关于世界自然基金会和国际组织的很多问题。他告诉我，世界自然基金会是非政府组织，其中大部分运营资金来自捐赠，因此不论是办公室的硬件设施还是活动的场地选择都会本着绿色、经济的原则，避免铺张浪费，从而把更多的资金用在环保项目上，对捐赠人的资金负责。这也解释了办公区给我的第一印象——略微拥挤、陈旧却不失温馨。我后来参与的工作也证明，世界自然基金会的确坚决杜绝铺张浪费，并且将自然环保的理念注入每个工作环节，包括会议场地、纪念品等的选择。山姆还说，国际组织的工资待遇并不算丰厚，许多在世界自然基金会工作的人都是真正对环保事业有情怀的人，还有人放弃了百万年薪转而加入到世界自然基金会的队伍中来。和山姆的交谈自然没有局限于工作，他还参照自己的留学经历为我研二将进行的海外留学提出了珍贵的建议。逐渐地，我觉得他不像是给我安排工作的上级，更像是耐心细致、甚至有点苦口婆心的大哥哥。

之后的午饭常常是跟小宛一起吃，和小宛聊天的话题也从第一天的"美食"这种"安全话题"，逐渐过渡到梦想和未来的职业规划，甚至一起分享女孩子的心事。很多次和她吃完午饭走在回办公室的路上，我们聊着、笑着、闹着，懒洋洋地晒着北京冬日午后的太阳，我仿佛记不起这世界上还有什么复杂棘手的政治纠纷了，明明这份阳光这么好。小宛说，希望以后可以留在大陆工作，因为这边有更多机会，我说那样真好，我们又可以一起"逛吃逛吃"了。当然，她答应我的台湾小吃之旅也是不许抵赖的。

又工作了一段时间，山姆告诉我世界自然基金会瑞士总部有领导要来北京了，我也很快见到了这位总部的领导，与其说他是"总部来的领导"，不如说是一位"总部老爷爷"。老爷爷须发花白，总是笑

盈盈的,再加上圣诞老人一样的身材,看上去十分和蔼。他喜欢戴一顶爵士帽,帽子上粘着一根羽毛,有一种既绅士又牛仔的感觉。日常工作时,他并不用"彰显身份"的皮包,而总是拎着世界自然基金会定制的环保手袋。老爷爷虽然形象亲切友善,但实力非常硬核,精通英语、法语、西班牙语三种语言,曾在世界银行和美国国际开发署任职。我在工作间隙与他有过简短的交谈,也不知是哪儿来的勇气,竟用自己蹩脚的法语和他聊了起来,没说几句便险些落荒而逃,深切体会到学好法语有多么重要。还好老爷爷很是善良,不仅没有嫌弃,还教了我两句法语,随后我们便用英语唠起了家常。老爷爷非常喜欢中国文化,尤其爱好集邮,每次来中国,都会在北京收集印有熊猫或鸟的邮票。他问我是否知道哪里有这样的邮票,于是我也开始搜集这项"传统行业"的资料,咨询附近的邮局,还从一位北京老大爷那儿打听到老北京出名的马甸邮市。总部老爷爷无时无刻不体现着他的平易近人,后来通过微信跟他聊邮票,他突然问起我的微信头像是不是在希腊拍的,他说我的头像好看,希腊也好看,并且让我有机会一定要去希腊看看。

世界自然基金会让人难忘的人还有许多许多——暖心的大姐姐梅，总是耐心地向我传授工作经验；在北京交换学习的澳大利亚姑娘，结束这里的工作后便回到澳大利亚继续攻读环境相关专业；对政府性和非政府性国际组织都十分了解的高个子小哥，对工作和生活总有非常明确的规划；偶遇的母校学长，不管在工作还是生活上始终给予我帮助；从香港特区回来的"活宝"室友，下班后还为笔译考试努力着；可爱的小陈，有她在的地方总是热热闹闹……

现在回想起来，这次实习令我印象最深的不是工作的繁杂和辛苦，而是大家彼此陪伴的时光；不是一起外出探寻的特色小吃店，而是饭桌前或深刻或搞笑的人生小故事；不是晚上9点"甘家口大厦"公交站的路灯，而是一起加班的人——那些心怀世界的中国人，那些热爱中国的外国人。

跟他们一起工作时,我仿佛身在乌托邦,大家来自不同的地方,也都接触过不同国家的文化,却为同样的事业努力着。这样的凝聚更加丰富,也更加有力量。身在乌托邦之中向外看去,我突然看不明白了。世界为什么要有冲突?为什么要有战争?为什么要在国籍、肤色、宗教、民族、性别和意识形态等因素之间,画下一道道线?或许把那一条条界限抹去,就是世界托付给国际组织的重量。

这次经历让我发现,国际组织不是遥远的、高处不胜寒的。世界自然基金会很温暖,也很鲜活。它的里面装了很多人,他们是有意思的人,是有规划的人,是偶尔也会迷茫的人,也是一直都在努力的人。更重要的是,他们是有情怀的人——身为世界的公民,投身于世界的事业,为世界的明天努力,这就是世界自然基金会的情怀,也是许许多多国际组织的情怀。

儿时,语言让我结识了世界自然基金会,那时的我不知梦想的重量;长大后,语言让我走进了国际组织,以世界为梦想,又需要承担多大的重量?

作者简介
About the Author

刘岳青,北京外国语大学国际组织学院国际法方向 2019 级硕士研究生,将赴英国伦敦政治经济学院攻读发展管理硕士学位。曾于中国国家发改委、世界自然基金会、外语教学与研究出版社等单位实习。

开始的结束

郭依林

我走向国际组织的第一步，是从"模拟"开始的。

在诸多国际组织模拟活动中，久负盛名的"模拟联合国"陪我走过了高中三年。

第一次知道"模拟联合国"，是初三时从《21世纪英文报》上读到的。那次的头版头条是《北京大学全国中学生模拟联合国》，巨幅彩色照片占据了整个版面。照片里看起来跟我年纪相仿的少年们西装革履、意气风发，手里举着代表国家的标识牌，上面写着"The United States""China""The United Kingdom"等等。正装、英语、各个国家，这些在一个初三学生的心里简单而深刻地打下了名为"高端"的烙印。

在这种"高端"印象的驱使之下，我在高中刚刚入校之时就报名成为了学校"模拟联合国"社团的一员。高中时，我的课余时间都是在"模拟联合国"的一个个会场中度过的。当时的我以为自己是很喜欢"模拟联合国"，但现在回想起来才发现我不过是喜欢英语罢了。

我参与过的那一场场会议只有一个相似点——都是英语会场。现在想来，高中的我对各个议题的兴趣远远不及我对英语的兴趣，我或许享受讨论"难民安置""儿童武装遣返"等议题，但我始终更享受用英语舌战群儒，用难度远超平时课堂的英语词句进行各种文书写作。那时的我或许喜欢"模拟联合国"，但我更喜欢的是语言。

迄今为止，在我人生中存留时间最长的梦想依旧是"做一名顶尖口译员"。如果说我那时的梦想与联合国或是其他国际组织有任何联系，那也会是"去联合国做一名顶尖口译员"。直到现在，我所有过的一切梦想和对自己下过的一切定义，都是和语言有关的。

本科时我的专业是翻译，现代汉语、古代汉语、英语精读、英语听力、文学翻译、影视翻译……语言几乎是我唯一学习的科目，也是我唯一想过的道路。在语言学习的象牙塔中度过了三年，当面临毕业后读研的方向选择时，我开始认识到"语言的局限"。哪怕是"做一名顶尖口译员"，也要有一个自己"无所不知"的领域才好。我给自己的研究生学习定了三个目标：一是要继续学好英语口译；二是要再系统地学习另一领域的知识；三是学好法语。我本计划出国继续学习口译专业，但思考过后，觉得无法在保质保量地完成口译课程的同时以自学方式兼顾另外两个目标——我需要寻找别的法子。带着这三个目标，大三下学期的我开始无头苍蝇一般思考着未来的路，也在探索中看到了北京外国语大学国际组织学院夏令营的招生简章。国际组织学院"国际经济/国际政治/国际法＋英语＋法语"的培养模式很好地契合了我的目标，国内、国外双硕士学位的培养计划更是让本就有留学打算的我十分欣喜。确定要参加夏令营后，我开始忙碌着撰写个人陈述、请老师为我出具推荐信、准备各式各样的证明材料，并为了入营后可能要进行的二外考试每天学习法语。自此，我在不知不觉中开始了迈向国际组织的第二步。

如愿考入北外国际组织学院后，同学们自发建起了微信群，本科

就在北外就读的同学们便在群里分享了学院老师发来的书单以及给我们的学年建议,其中一条便是建议大家"去国际组织实习"。这时的我真切地意识到,本科期间被丢在一旁四年的"国际组织"又将重新成为我生活中浓墨重彩的一笔,而这次,国际组织前面也不会再有"模拟"二字。

满怀对国际组织实习的憧憬、对一种除"语言"之外全新道路的期待和记忆中对"模拟联合国"的热血,我开始寻找国际组织的实习机会。

然而这并不简单。

我本科就读于上海华东师范大学,在上海,实习工作普遍来自各大外企、世界 500 强企业等,各类岗位凡所应有、无所不有。然而国际组织却基本上都扎根在北京,身在上海的我要寻找国际组织实习几乎没有什么选择余地。几经周折,在同学的推荐下,我看见了美中贸易全国委员会(上海办事处)招募研究型实习生的消息。

这次与国际组织在现实中的相遇说来有点尴尬。刚看到英文缩写"USCBC"时我甚至不知道这是什么机构,在脑海里把所有英语单词排列组合了一遍也没组合出来。我不得不求助百度搜索,才知道"USCBC"是"US-China Business Council"的缩写,即美中贸易全国委员会。这是一家非政府、非营利性组织,拥有 200 多家在中国经商的美国会员企业，既包括国际大型知名企业，也包括美国小型企业和服务业公司。美中贸易全国委员会的使命是扩大美中商务联系，使全体会员从中受益，进而在更广阔的层面上促进美中经济交流。该委员会提倡与中国进行建设性的商务联系——共同致力于消除贸易投资壁垒，并为双方营造规范的、可预测的、透明的商务环境。

  终于弄清楚这是一家什么样的机构之后，我看着它官网上列出的长长的对实习生要求清单，十分忐忑——我对经济贸易投资并不了解，是不是达不到实习要求？我没有什么拿得出手的研究经验，能胜任研究型实习生岗位吗？清单还要求实习生有"可以被证明的出色的中文水平"，有没有针对母语者的中文考试？我如何证明？还要提交写作样章，我该写点什么？好不容易找到一份合适的实习，我反而打起退堂鼓了。看着林林总总十几条要求，思来想去还是决定试试看，最终在截止日期前一天交上了申请材料。好在这次实习申请还算顺利，经过简历筛选和面试，我最终成功得到了这份工作。

  万事开头难。第一天去实习时，我心中不免紧张。在地铁上一边上网搜索委员会曾经接待过多少高层政要，一边暗暗担心自己是否能够胜任这份实习工作，又能否顺利度过接下来的几个月。到岗第一天，我接到了两项任务：一是整理将于一个月后召开的浙江省相关人员与几家美国企业见面会的参会者简介；二是整理、总结浙江省2018年度的政府工作报告要点。任务一并不难，同事给了我一些原来整理好的简介，我照着葫芦画瓢即可；任务二则难度较大，洋洋万言的政府工作报告要摘其要点、整理成文谈何容易，同事除了基本要求以外也没有多做说明。在无数次的删改之中，我慢慢摸到了窍门，意识到这份摘要并不是一项课堂作业，无需覆盖方方面面，而是一份给企业的纲要，应当详略得当，站在企业的立场上来思考：哪些是必要信息，哪些是不必要信息；企业需要得到哪方面的信息，又不需要知道哪些信息。在交上做好的两份文件之后，我又开始担心自己的任务完成得不够漂亮、没有达到要求……终于收到同事的积极反馈后，我悬着的心才算是放了下来。

就这样，在紧张、犹疑、不断摸索中，我开始了与国际组织的第一次真正接触。我在美中贸易全国委员会以研究型实习生的身份工作了五个月，期间撰写了六份政策对比及政策分析报告，包括上海2019年和2015年环境影响评价的对比、国家发改委《产业结构调整指导目录（2019年本，征求意见稿）》与2011年本的异同比较等；为200余家会员企业中的17家进行案头研究，包括总结整理上海自贸区深化改革措施、搜集汇总太仓和苏州工业园区吸引外资的激励性政策、协助搜集中国民航业航权改革以及取消"一线一企"政策的相关资料等。此外，我还协助组织并到场旁听了三场专题讨论会，参会者来自23家不同企业，人数达150余人次；议题包括"贸易谈判、关税及其对商业的影响""环境标准执行与合规及最佳实践方法""美—中90日磋商成果及商业展望"等。在研讨会上，我有幸听到复旦大学等上海顶尖高校的著名教授对中美贸易摩擦的评论，也从各行业龙头企业中的佼佼者处了解到各行业的最新动态，以及宏观层面上政府政策与经济环境对企业产生的切实影响。

比起年少时那些在模拟环境中与国际组织的接触，这次实实在在于国际组织工作的经历使我眼界大开，看到了更为真实而广阔的世界——这绝非陈词滥调，五个月的研究型实习经历革新了我与语言的关系，语言不再是我的研究对象，而是帮助我进行研究的得力工具。五个月来，我跳出了语言学习的象牙塔，对我国政府的组织架构、职能、政策都有了清晰的认识，也对中美关系、中美贸易往来、美资在华投资情况、中方对外资的鼓励政策和鼓励领域，乃至经济全球化等议题都有了更为深刻的理解。

真切地与超越国家界限的全球议题有了些许接触后，我开始重新审视我与国际组织的初次接触——那些"模拟"经历。

回顾高中时期参加"模拟联合国"的经历,我从"代表"慢慢成长为"主席""学术指导""秘书长",在国际组织实习之后,我渐渐意识到除了语言,"模拟联合国"的魅力还在于它对广大青年人责任感与树立理想的培养,对青年人关注现实、胸怀天下的号召。而现实世界中真正的联合国与其他国际组织则更是重担在肩,以维护全球秩序、推动世界发展、面对人类的共同挑战、为全人类谋福祉为己任——对于这许许多多的国际组织而言,从没有"独善其身",只有"兼济天下"。

"不处江湖之远,不居青云之巅。'模联'触手可及,改变始于身边。"这是我曾为高中母校"模拟联合国"会议写下的宣传语,现在看来,这何尝不是我们与真正的国际组织的关系呢。曾经认为国际组织很遥远的我,也在摸索中顺利完成了一份国际组织的实习工作。考入北外国际组织学院后,我又迈出了新的一步,而这仅仅是一个开始。在今后的许多年里,我势必会从这里再出发,朝着国际组织迈出更多步。我在美中贸易全国委员会的实习结束了,然而就像丘吉尔所说的:"这不是结束,这甚至不是结束的开始,但这可能是开始的结束。"

作者简介
About the Author

郭依林,北京外国语大学国际组织学院国际经济与金融方向2019级硕士研究生,任国际组织学院班班长,将赴英国伦敦大学学院攻读国际公共政策硕士。本科毕业于华东师范大学翻译系,以全系综合排名第一名的成绩保送至北京外国语大学,曾在美中贸易全国委员会任研究型实习生。

在这里，看见世界
——世界经济论坛实习分享

陈雪凝

我于 2019 年 4 月至 12 月在世界经济论坛北京代表处实习，在中国，大家更习惯称其为"达沃斯论坛"。达沃斯论坛其实是世界经济论坛一年一度的年会，因在瑞士达沃斯小镇举行而得名。我实习的部门是世界经济论坛新设立的第四次工业革命中心，中心下设三个不同的项目组，涵盖无人机与未来空域、物联网与智慧城市以及精准医疗三大领域，我便在精准医疗项目组担任项目助理。

我是从本科同学处了解到世界经济论坛的实习机会的，他曾是论坛上一年政府关系组的实习生，由于在实习中收获颇丰，而且知道我一直希望积累国际组织的实习经验，便推荐我也关注论坛信息。我在本科期间曾去法国巴黎政治学院交换学习一年，期间选修过"数字经济"这门课程。课上，老师详细介绍了信息与通信技术的发展将如何影响未来的经济、劳动力市场、医疗健康等领域。我一方面痴迷于未来科技给人们带来的便利，另一方面又担心科技的广泛应用可能带来的隐私侵犯、信息安全等问题。于是在进行实习岗位申请的时候，我选择了"第四次工业革命中心"这个从字面上最让人难以理解的部门。该中心的主要使命是探究如何利用新兴技术（人工智能、物联网、区块链、大数据等）创造更好的未来，同时减少新兴技术的大量使用给社会带来的风险。

根据后来我和人力资源部的交流，论坛对实习生的筛选比较严苛，同一岗位的竞争者也非常多。所有申请者在官网提交简历后，会被邀请参加第一轮的线上英语面试。线上英语面试主要关注申请者的申请动机、对世界经济论坛的了解以及英语水平。通过第一轮筛选之后，我得到了到论坛办公室进行线下面试的机会。线下面试一共分为两轮：第一轮是人力资源官与申请者一对一面谈，针对简历上的信息进行提问，还会问一些关于个人性格、工作风格的问题（比如"别人都如何评价你""你在工作中遇到过的最大的困难是什么"以及"你最后如何解决"等）；第二轮是直接与项目主管一对一面谈。可能是因为我对医疗健康领域表现出的兴趣——曾在公共政策分析课上撰写关于法国女性性工作者生活情况的研究，本科毕业论文也是关于世界卫生组织在应对2014年西非埃博拉疫情时举措的不足与启示，所以

被直接邀请去与精准医疗的项目主管进行面谈。在一些常规问题之后，她给我布置了现场任务：阅读一篇以精准医疗为主题的英文评论，摘选出文章重点，并就此以论坛的名义起草一封英文邮件，向一名高级专家约稿，限时 40 分钟。这一轮面试主要测试了我的快速学习、逻辑分析、英文写作能力以及邮件礼仪。面试结束后的第二天，我就收到了一周后入职的通知。

我在论坛的工作主要有两部分内容：第一部分是项目管理。精准医疗项目组管理的细分项目涵盖数字病理、医疗健康大数据分享以及基因编辑等领域。在主管的指导下，我了解了一个项目诞生的全流程。从"头脑风暴"构想策划，到概念书的起草、项目方案设计，再到合作伙伴搜寻、中期汇报、末期汇报，每一个关键节点我都有幸参与其中。第二部分是会议组织。世界经济论坛创立的核心理念是：随着全球化的不断深入发展，诸如环境污染、粮食安全等全球性问题也不断涌现，单个组织、单个国家并不能解决这些问题，只有将来自不同领域（如政府、企业、高校等）的利益相关者聚集在一起共同商讨，才可能产生创新型解决对策。而承载这一核心理念的具体形式即大型国际会议。我在论坛期间一共参与了三次国际会议的组织工作，包括 2019 年在大连召开的夏季达沃斯论坛。具体工作包括：会议前期确定议程、会议形式及各个环节的发言者，逐一向嘉宾发送邀请函，确定每位发言者的机票、酒店信息，布置会议现场、设计宣传材料；会议当天协助现场签到、陪同翻译，以及书面记录；会议结束后与会务公司结算金额、撰写会议报告等。我的活动组织、沟通与协调能力便在这样的历练中快速成长起来。

对我来说，在论坛实习的八个月是一次改变人生的经历。首先，在工作中我接触学习了许多有关精准医疗的前沿知识，锻炼了我的快速学习能力。记得入职第二天，主管通知我下周和她一起去广州组织数字病理研讨会，并且要求我设计会议上的引导问题。当时的我刚刚入职，还没有完全熟悉工作环境和流程，对数字病理这种前沿技术更是一窍不通。我只能靠大量搜索、阅读材料（比如《自然》和《柳叶刀》中一些简单的介绍性文章），并与团队沟通交流以在短时间内快速建立基本认知。其次，这次实习极大地开阔了我的眼界，给予了我和各行各界精英交流的机会。在我协助组织的三次大型国际会议上，我聆听了来自政府、企业和高校的代表对诸如"三维打印技术如何影响世界贸易"等前沿议题的主题报告和圆桌讨论，让我对以前从来都没有关注过的问题产生了新的思考。作为员工内部培训的一部分，论坛办公室还经常举办知识分享会或沙龙，我现在还对雨果奖得主郝景芳以及《经济学人》杂志中国区总负责人针对教育和环境的探讨记忆犹新。在此次实习中，我的职业素养得到了很大的提高，这都离不开主管的悉心指导。我的主管以海外生物学博士身份毕业，有丰富的外企、互联网企业工作经验，做事非常利落干练。比起上级和下属的关系，她和我之间更像是朋友。在项目遇到问题时，她会和我一起"头脑风暴"，寻找解决方法。她受邀参加高级会议时，也总愿意带上我，并且将我以"同事"而非"实习生"的身份介绍给他人。一开始

在遇到突发状况时，我总是寻求主管的帮助，后来出现同样的状况，她便让我自己去解决。在她的信任和鼓励下，我慢慢地对这份工作、对论坛产生了归属感，有了"主人翁"意识。我开始以正式员工的标准要求自己，逐渐完成从学生到职场新人的转变。最后，我在这段实习中最大的收获就是认识了一些非常珍贵的朋友。第四次工业革命中心以及论坛其他部门的同事都是十分出色又友好善良的人。他们经常提醒实习生："我们关心你们的工作质量，更关心你们从这段经历中学会了什么。"在一次次的团队午餐中，大家交流的话题常常是学校里的烦恼、对婚姻家庭的看法以及对未来人生的规划，他们总是给我们很多真诚的建议。在论坛实习的其他小伙伴也是来自各大高校的优秀的朋友们，我们工作的时候很认真，玩起来也毫不含糊。每周五晚上的聚餐、唱歌已经成为了固定日程。我记得我们这一批实习生最后一次聚会时，每个人都分享了自己当前人生中遇到的最大的困难，断断续续的回忆、难过的泪水、安慰的话语和释然的欢笑相互交织。我想，很多年后我都还会记得这个夜晚，即使以后我们为了追求自己的梦想分散在世界各地，也不会孤单。

同时，这段国际组织初体验也让我对自己的职业道路规划有了新的思考。我观察发现，国际组织的高级官员通常都有着过硬的技术背景（如生物学博士、飞行专家、环境学专家等）或是很丰富的相关企业工作经验（例如我的主管之前就是一家互联网企业的首席财务官）。语言或社科背景出身的人，若是一毕业就选择进入国际组织，大概率只能在支持部门工作（如行政、翻译部门等）。而在参加高级国际会议时，就算是国际组织的正式员工，如果没有相关的技术背景，也很难和在场的专家沟通。很多时候，语言或社科背景出身的人在会场的角色更像是旁观者和协调者。因此，我希望在我未来的求学、求职路上，能更多地积累技术经验或者企业工作经验，为最终进入国际组织打下基础。

我对未来有很多想法，有时候因为想法太多而感到痛苦迷茫。但我相信，以后的我无论从事什么职业，想要让这个世界变得更好的本心是不会改变的。"致力于改善世界状况"是世界经济论坛的使命，一进入北京办公室就可以在蓝底的幕墙上看到这一行白色的大字。我想，这不仅是国际组织的使命，也应该是我们每一个人的愿望。

作者简介
About the Author

陈雪凝，北京外国语大学国际组织学院国际经济与金融方向 2019 级硕士研究生，将赴巴黎政治学院攻读公共政策硕士学位，研究方向为新兴数字技术。曾于世界经济论坛实习，任第四次工业革命中心精准医疗项目助理。实习期间参与数字病理、医疗大数据分享和基因编辑等多项项目管理，协助举办三次大型国际会议。未来希望以新兴技术赋能国际发展，最大化数据带来的便利，同时最小化相关风险。

全球环境信息研究中心的那些事、那些人

延美格

全球环境信息研究中心是非营利性国际组织，前身为碳披露项目，其宗旨是推动企业和政府减少温室气体排放、保护水和森林资源。因为坚信环境数据的测量、透明度和可问责性能够驱动商业和投资领域发生积极转变，所以全球环境信息研究中心的主要任务便是收集企业和城市的环境信息，并以此评估企业对于世界自然资源的影响和依赖性及其环境管理战略。

2012年，全球环境信息研究中心进入中国，致力于为中国企业提供统一的环境信息平台。2019年6月，全球环境信息研究中心中国团队扩大，团队成员有的于英、法留学后归国，有的来自国际四大会计师行、联合国；他们有的具备极高的传媒素养，有的在供应链和科学碳目标方面专业知识过人。这些人为了共同的愿景——环境保护，聚集在研究中心不大的办公室里。我有幸结识了这样一群有学识、有情怀的环保工作者，并在接下来的半年时间加入他们成为"我们"，为环保事业加班熬夜、欢呼雀跃。

1. 全球环境信息研究中心记事

在研究中心实习了半年，算起来是一份挺长久的实习工作。说是实习，但从一开始我就没把自己仅仅当作实习生，办公室的前辈们也十分信任我，除了给予我必要的帮助与支持外，还给了我十分广阔的发挥空间和独立承担工作的机会。要说在非政府组织实习最吸引我的一点，便是这难得的独立空间，让我可以充分发挥自己的主观能动性，调度所学所长，真正做出些事情。当然，从另一个角度看，这也意味着对个人的组织能力、协调能力等综合能力更高的要求。

回顾这半年，有两件让我有着小小骄傲的"大事"，一是项目协助——督促环境问卷填报；二是传播推广——公众号运营与网站搭建。

进入研究中心实习是在 2019 年 6 月中旬，正值环境问卷填报期，所以我的第一项实习任务就是电话"监督"企业的填报进展。我时常开玩笑说，这项工作的性质类似于留学顾问，就是接通电话会问"您是有留学/移民计划吗？"的那种。

什么是环境问卷呢？全球环境信息研究中心是一家非营利性环境保护组织，该组织的前身碳披露项目最初的内容就是设计一套科学的问卷并邀请企业填写，通过企业反馈的文字和数据内容，评估企业的环境影响。说是"问卷"，但每份都有数十页，还配套一本近百页的用于指导填写的"评分方法学"。

最初问卷分为气候、森林、水三大类，后来又陆续发展出城市、州等问卷类别。问卷问题大致可分为定性和定量两大类，比如"公司董事会是否将气候因素提上议程，请举例说明"即为定性问题，而"公司在气候方面的财务预算是多少"则为定量问题。

每年的 4 月到 7 月为问卷填报期，企业要在这百余天里完成相关领域问卷的填报。比如，如果是牛皮革业或者皮革产品设计企业，则需要填写森林类问卷，因为牛养殖业有可能引发砍伐热带雨林的毁林行为，从而加重大气中的碳含量。

我的任务——督促环境问卷填报，就是要保证所有填报企业"乖乖"填写问卷并在规定时限内上交。这项工作并不只是打电话那么简单，实际上十分具有挑战性。由于目前国内对环境信息披露的重要性缺乏认知，企业填报问卷动力不足，拒绝填报的成本又太低，因此不少企业态度消极，拒绝承担提供相关环境信息的社会责任，经反复提醒催促后则敷衍了事，而且不拖到最后一刻绝不提交，想来完全是小孩子作风。

该项工作的挑战性主要在于：第一，国内企业环保意识普遍较差，因此我必须清楚地向企业讲明全球环境信息研究中心及环境问卷的情况，以及填写问卷的好处和必要性，并回答对方突如其来、形形色色的问题。这也就需要我全面地了解研究中心的工作及问卷情况，因此，大量集中的补课在所难免。第二，对中英双语表达与沟通能力的要求较高。落实企业填报一般通过电话进行，要求语言清晰简洁，为此我专门将要说的话写成文稿请部门组长修正，并反复练习了好多遍才敢拨出第一通电话。此外，我所负责的企业一般不习惯讲普通话，大多数只能用英语交谈，这对使用英语办公的能力有一定要求。实际上，由于研究中心的国际性，日常工作会议、邮件沟通和资料翻译都离不开英语。可以说，良好的语言能力是在国际组织工作的最基本要求。第三，是对负面情绪承受能力的挑战。由于打出的电话经常被当作中介机构的骚扰电话，企业的态度往往不是很好，我时常被嫌弃。当带着饱满而礼貌的情绪拨出每一通电话，迎接我的却是对方或无礼、或敷衍、或抗拒的回应，这绝对是强度相当大的情绪消耗，一天下来几十上百通电话，头发都是竖着的。

现在回想起来，督促企业填报这项任务真的十分锻炼人，尤其是在情绪抗压方面，苦是一定苦，但也是人生中难得的历练。我明显感觉到，到了填报期后期，我已经可以淡然应对电话另一端的任何无礼或冷漠态度，情绪如老井般不起一丝波澜，脸皮也愈发结实而有光泽。

7月底填报期结束，督促企业填报的工作也随之告一段落，我简单协助了几项课题调研，之后就正式开始了微信公众号运营和研究中心中国官网的搭建工作。这两项任务并线进行，从8月一直做到12月份离开。

微信公众号运营和网站搭建都不算特别有挑战性，但是对于我这个毫无新媒体运营经验的"小白"来说，也称得上是一段全新的学习经历。在公众号运营方面，找资源——翻译——反复审稿——排版校对——发布，整个流程中规中矩，一周推送一次的频率也谈不上强度巨大，我称其为"熟练工种"；网站搭建，希望不要误导了大家，这里指的并不是敲代码，实际上，总部的程序员已经搭好了网站的基本骨架，我要做的只不过是填充血肉而已。或许可以用演示文稿来做类比，演示文稿模板已经有了，接下来就看制作者选择"标题—内容"模板还是"两栏对照"模板，再插入文本框、表格、图片或是智能图形。当然，网页的制作还是比演示文稿难一些，毕竟母网页和子网页的层级很多，交叉超链接的关系也比较复杂。但是总的来说，技术不是最大的困难。网络权限和平台本身的漏洞反而更让人头大，尤其是微信平台，用过的人大概有所体会。

  工作本身不难，但依然能带来成就感。因为我的存在推动了研究中心公众号向更加人性化的方向转变。从前的公众号推送多为气候、森林、水资源方面的报告译文，专业性较强，读起来晦涩生硬，而公众号受众是没有专业知识的大众群体，这样的文章自然难以引发读者的共鸣。于是改变开始了，我们缩短了文章长度、提炼出报告要点、突出显示数据对比，优化翻译语言，还加入了更多的原创文章，逢年过节再推送一些煽情软文拉近屏幕前后距离。公众号关注人数的持续增长是对我们工作的最好鼓励，最让我得意的是2019年中秋节的推送文章，单用一句诗送上真诚的祝福，感情刚好到位。此后，逢年过节推送的问候软文就成了研究中心公众号的传统。

2. 全球环境信息研究中心记人

　　工作本身是锻炼人的，我获得了许多技能层面的经验，但是我的成长更多来自同事们的影响。半年的共事、相处与合作中，我从大家身上看到的是环境工作者的情怀、真诚与精益求精的坚持。并不是说在营利性企业中就没有这种情怀，但我认为在非营利性组织里，剔除了功利性，这种对愿景的坚守方能显示出更大的生命力。回想在研究中心的每一件事情，都还能感受到这种生命力。

　　环保型非政府组织的使命之一就是将环境保护理念尽可能推而广之，使其深入人心，因此制作宣传材料是日常的一项主要任务。大大小小的会议、论坛从不间断，无论是全球关注的联合国气候变化大会、亚洲棕榈油工业大会，还是国内举办的世界皮革大会，凡是环保相关会议，研究中心气候组、供应链组、森林组、政策组等各个小组都开足马力，绞尽脑汁地写报告、做演示，只为能够最大程度地推动

外界认识到环境信息对解决气候问题的重要性。微信公众号的日常推送也从不将就，一篇推送文章至少三审起步，措辞、版式一改再改，推翻重做也是常有的事，煽情的文案写起来比环境问题报告还让人抓耳挠腮。传播工作或许机械，但只有投入了精力和感情，才能吸引读者，从而推动低碳减排意识在中国的传播。

此外，还记得填报工作收尾时，因为相信企业环境数据对于气候改善作用巨大，办公室同事一同上阵"夺命连环催"，提醒各企业填报环境数据，碰壁是家常便饭。最后，年度填报率创下了80%的新高，一个月来的辛苦算是得以告慰。相较于完成关键绩效指标后的轻松，这更是一种推进伟大事业的使命达成感。

研究中心全体成员为了实现共同的愿景而努力的事情中，一些我有幸贡献了微薄之力，一些我则只能以一名热心的旁观者身份跟进。但是无论我是否参与其中，这些事情对我来说都意义重大，因为在其背后，是所有人的美好期盼和辛勤付出。所有人做这一切的最大动机，就在于推广低碳减排理念，加强中国甚至世界公民的环保意识。

写到这里，我又想起一件小事。还记得有一次，在办公室与同事一起点奶茶外卖，外卖员送来了好多保温袋。一位同事当即收集了所有袋子，还顺手没收了大家手里的吸管，表示回家路上要送回店里，或许可以重复利用。虽然后来保温袋还是没能送回店家，但自那以后，办公室一起点甜品和奶茶外卖的时候，一律标注不需要餐具。这件小事让我看到，研究中心里的人，或者说所有投身于环境、福利等公益事业的人，都是单纯的理想主义者，他们的一举一动、所思所想都是为了心中的美好世界。有些想法和行为或许天真，但是这种天真不正是让世界变得更好所必需的"英雄主义"吗？

那群人和他们对情怀的追求，是最让我感动和怀念的。

3. 实习逃不掉的事——通勤

这一小节和上文的"记事""记人"两节似乎是断裂的，但却是我非常想记录下来的部分。因为无论是国际组织实习还是企业实习，都会遇到同样的头疼之处——路上的时间。通勤是不可回避的话题，也是影响工作幸福感的重要因素，所以在此稍加记录，看似独立于研究中心的实习工作之外，实际上却是它的重要组成部分。

我工作的地方距离住处比较远，早晚通勤需要三个小时。研究中心内所有人都有着极高的工作热情，规定朝九晚六，实际上"晚七""晚八"都是常态。可以说，我在这半年中将自己全身心地投入了实习工作，畅快淋漓地体验了一名真正的非营利环境组织人员的工作与生活。

通勤是令人疲惫的。一般来说，早上神清气爽地起床，经历了一个半小时的道路争夺战之后，整个人的血槽就已经空了一半；晚上下班，办公室工作引起的眼睛、颈椎及腰椎的酸痛感搭配傍晚的饥饿，这样的我即将面对的是公共交通的拥挤、暑热或秋寒、熙攘的人群带来的心烦意乱……如果我说通勤不累，那一定是没有摸着自己的良心。

但是说实话,通勤并不曾真正让我感到难熬。首先在于身体的疲惫并非不能忍受,相比拥挤、暑热、疲乏,我可能更担心一天下来糊掉的妆容。而且路途中的三个小时被我有效地利用起来:英、法听力轮流播放,在一知识付费平台学习政治通识和医疗通识知识,啃掉

了几本有意思的书……当然,还有一部分时间用来补充睡眠,告慰这人类不可抗拒的自然之力。

总之,精神上的虚无才会引发真正的疲倦,而研究中心的工作无论何时都是充实紧凑的。用有限的时间做有意义的事情,这就是快乐。

4. 结语

边写边回忆,我发现自己对研究中心的记忆里没有什么轰轰烈烈的大事,反而被众多细碎的小事充满,虽细小却鲜活,在细微处蕴藏着真实的情感。它就像一个水晶球,晃一晃,无数小亮片就"不灵不灵"地漂浮起来,整个水晶球一下子变得生动而治愈。那段实习时光,静置时安详,晃一晃立刻生动起来,无数片段像水晶球里的亮片一样漂浮起来——在健身房举铁时会想到爱健身的伙伴,在微博刷到明星热搜时会想到粉"爱豆"的新一代"消费社会美少女",买焦糖华夫饼时会想到教我排版的"金牌写手",路过便利店时会想到和我一样爱吃紫菜包饭的前辈和喜欢"蛋卷+鲜牛奶"的下午茶搭配、胃

口好还吃不胖的元气美少女……。

如今,全球环境信息研究中心依然是我生活的一部分。我依然保留着查看研究中心公众号每周四推送文章的习惯,并会顺手点个"在看";时不时到同事们的微信朋友圈留下几个"赞";有朋友找实习机会,我一定脱口而出:想不想去非政府组织?就在一周前,之前的同事特意发邮件告诉我,我们一起为之努力的全球环境信息研究中心中国官网终于正式上线了。激动的我立刻去把网站浏览了一遍,熟悉的构架、熟悉的配图、熟悉的版式,每一条链接将转到哪一个页面我都记得清清楚楚,甚至记起为网站填充每段文字时周围同事们的工作状态和他们实现愿景时热情洋溢的神采。

就像我说的,全球环境信息研究中心最让我感动和怀念的,是那群人和他们的情怀。而我有幸用第一人称记述"我们的情怀",记述我们为了让世界变得更好而不懈努力的"英雄主义"。

作者简介
About the Author

延美格,北京外国语大学国际组织学院国际经济与金融方向 2018 级硕士研究生,将赴法国攻读第二硕士学位,曾在全球环境信息研究中心担任项目助理。全球环境信息研究中心是一家在英国注册的非营利性组织,宗旨是利用透明、可追溯的数据推动政府和企业减少温室气体排放,保护水和森林资源。

刷新：不断发现自我与未来

阮淑慧

一个安静的午后，我抬头瞥见书架上刚刚读过的微软首席执行官萨蒂亚的新著《刷新：重新发现商业与未来》，忽然感到这个题目与我在国际组织的经历和心得有某种契合感，因为在国际组织工作的过程中，我意识到不断发现自我、提升自我的重要性，对书中关于自我刷新的三个关键要素也有了别样的体会。

第一个关键要素是拥有同理心。我们这一代人大多是独生子女，容易以自我为中心，过分关注自己而忽视身边人的需求和身外更广阔的世界。在追求个人发展的学生时代，这种思维模式或许无可厚非，因为那时我们最主要的责任主体和客体都是自己，所做的大多数事情并不会产生很大的外溢性。但在国际组织的工作中，往往需要建立跨国界的多边经贸合作关系和跨领域的公私伙伴关系，就需要找到利己与利他的连接点、平衡点和共赢点。其中，连接点是建立合作关系的基础；平衡点是弥合差距、寻求折中的解决方案；共赢点是促进合作关系可持续发展的决定因素。

毕业后我进入了亚太示范电子口岸网络工作，这是2014年亚太经合组织领导人非正式会议在北京举行时，中方牵头提出的一个区域经贸合作项目，以推动区域贸易便利化和供应链互联互通。根据规则，我们的正式工作文件（工作计划、倡议项目等）需要提交亚太经合组织贸易投资委员会审议，并得到所有经济体一致认可。贸易投资委员会由21个亚太经合组织经济体的商务主管部门组成，各经济体对不同议题可能存在不同的理解和诉求，一份文件提交审议后，往往会收到来自各经济体以邮件形式提出的不同意见，有些是细节性的、针对措辞的，有些是方向性、原则性的。在考虑这些意见并予以回应的过程中，语言能力和专业知识都只是工具，更重要的是发挥同理心，跳出自己原有的思维框架，从对方的角度出发，尝试去理解对方的立场及其背后的真实诉求，找到双方利益的连接点、平衡点和共赢点。当然，光有同理心远远不够，谈判筹码和策略在多数情况下起决定性作用。所以我在这里和大家分享的，只是一名国际组织"菜鸟"的浅显体会，复杂多变的国际经贸合作对我来说也是一堂刚刚打响上课铃的理论与实践课。

第二个关键要素是培养"无所不学"的求知欲。高中分文理科，我们所学的内容多以高考为导向；大学分必修课和选修课，我们所学的内容多以专业和兴趣为导向。但在国际组织工作，必须要以完成工作目标为导向，培养"无所不学"的求知欲和"学以致用"的实践力。国际组织的工作团队通常比较精简，一个人往往要承担多项不同类型、不同层次的工作。这些工作既有基础琐碎的事务性工作，又有专业系统的业务性工作；既可能涉及财务、法务等专业知识，也需要灵活多变的待人接物能力。

2019年，我有幸加入了联合国工业发展组织上海投资促进中心，作为项目助理参与日常工作和项目业务。其中一项日常工作是管理团队的财务报账。而作为一个本科学习法语、研究生攻读法学的财务"小白"，我自大一高数课结课以来，八年未再碰过数学并且从未接触过财务知识，因此我需要学习和了解联合国工业发展组织的财务制度规定、科目划分体系、预算管理方式等等。最有挑战性的莫过于克服自己对数字的愚钝，努力不把"84"写成"48"……再比如制作一份折页宣传册，从理清宣传思路、把控宣传风格、校对宣传材料，到与供应商对接印刷形式——是采用数码快印还是制版印刷方式？是用铜版纸、哑粉纸还是环保纸？是用开门折还是风琴折？……诸多细节都是必须学习的新知识。而在项目业务中，课堂里学到的国际经济法知识只能提供参考框架，在实际工作中，既需要深入学习外商投资、区域一体化、产业创新、园区运营的相关政策、理论和实际案例，又需要掌握会议活动组织、新媒体运营、中英文工作汇报撰写等工作技能。如果没有"无所不学"的求知欲，不对一切未知的事物保持好奇和开放心态，就很难完成工作目标。

最后一个关键要素是建立成长型思维。萨蒂亚认为，一个人无法准确地预测未来科技变化，但是成长型思维模式可以使他更好地对不确定性事件做出反应，并且在技术快速变化的情况下纠正自己所犯的错误。他在这里所阐述的成长型思维是针对科技型企业的转型，而在国际组织中工作，成长型思维对于不断改进自己的工作方法、应对突发的新情况，也是必不可少的。

一次，在一场大型国际项目路演活动中，我们邀请了诸多海内外寻求技术合作和投资的项目组参加，由于时间有限，每个项目的展示时长只有15分钟。会前准备阶段，一个计划参会的生物科技项目组发来了有着几十页技术性内容的幻灯片，播放所需时长明显超过了规定时间，于是我们诚恳地劝说对方进行调整，对方也进行了删改，并保证会在指定时间内结束演讲。可是活动当天，该项目组还是采用了一份较长的幻灯片，且专业性过强，不适合用于公众路演，明显影响了活动效果。更出人意料的是，主持人当着全场嘉宾和观众的面，直截了当地指出了该项目组路演方式的缺陷，一度让场面有些尴尬。会后团队聚餐时复盘这次的活动，我向经验丰富的领导和同事求教：主持人这样做是不是有点不合时宜？是否下场之后和演讲人单独沟通更好？大家的回答也颇具戏剧性：包括我在内的所有"90后"同事和实习生都觉得主持人这样做有点过分，应该私下指出；而有十年以上工作经验的领导和同事则非常支持主持人，认为他的做法是挽救活动效果的有效措施，能够让与会者了解我们的工作标准。过去，我总习惯委婉处事，很少正面对抗，更不要说在数百人规模的公开场合直接指出对方的问题。但从这次事件中，我认识到，委婉处事或许不会出错，但并非总能达成效果；正面对抗或许会产生尴尬，却可能是正确且有效的方法。在国际组织中工作，要敢于承认自己认知的局限性，以成长型思维去学习新的工作方法，以适应工作中出现的新情况。

读到这里，你可能已经注意到，以上几点在大多数的管理类工作中都适用。的确，国际组织的工作在本质上和其他社会组织（政府、企业、社会团体等）的工作存在许多相通之处，并没有那么神秘，更不必将其捧上神坛。由于国际组织的团队规模相对精简，对应届毕业生开放的通道比较狭窄，所以毕业之后不能立即进入国际组织工作也是我们就业的常态。如果真的对国际组织心生向往而暂不可得，也不必灰心丧气，在其他岗位上历练成长、积蓄能量，等待合适时机再进入国际组织，未尝不是一种自我刷新。

作为一名毕业仅一年半、实习加工作不过两年半的国际组织"菜鸟"，以上心得只是个人浅薄之见，仅供参考。但有一点我可以很肯定地告诉大家：国际组织的工作并非只有"高大上"的国际视野和人类情怀，更需要脚踏实地、关注细节，做到心中有格局、眼中有小事、手中能出活儿。在这个过程中，拥有同理心、培养起"无所不学"的求知欲并建立起成长型思维，能帮助我们在一件又一件具体的工作里自我刷新，挖掘自己的潜力，去迎接不断变化的未来。

作者简介
About the Author

阮淑慧，北京外国语大学国际组织项目班国际法方向2018届毕业生，于2017年取得英国伦敦玛丽女王大学法律硕士学位（银行金融法方向）。现任联合国工业发展组织上海投资促进中心项目助理。联合国工业发展组织是致力于促进工业发展的联合国专门机构，工业发展组织技术与投资促进办公室（上海）即上海投资促进中心成立于2001年，由联合国工业发展组织、中华人民共和国商务部和上海市政府三方共建。

国际组织初探
——担任世界自然基金会志愿者实习小记

王梦娜

1. 初心萌发

2015年9月2日,这样一张照片占据了全球的新闻头条:三岁的叙利亚儿童艾兰·库尔迪在战乱中随家人走海路逃难,因为乘坐的偷渡船超载倾覆而溺亡,陈尸土耳其海滩。中东难民危机以这种形式呈现在眼前,我深感震惊和无力,地区议题第一次真正地触动了我。

一个月之后,我作为外国语专业留学生前往希腊约阿尼纳市学习希腊语。来到这个亚非欧三块大陆之间的十字路口国家,我同时来到了西方文化的源头和当代热点地区的前线,冥冥之中和那张新闻照片背后的议题联系起来。2016年春天,我在大学招待工作中认识了一位来自非政府难民组织的西班牙志愿者,她正在约阿尼纳附近的中东难民营工作。和她的交谈让我产生了实地了解难民营的想法,我得以成为难民营的临时志愿者,走进排满白色帆布帐篷的营地去亲历这个原本陌生的环境。难民营简陋的卫生条件、瞳仁中闪着亮光的中东儿童、难民和志愿者之间复杂的互动关系,这些画面构成了我未曾经历过的庞杂生态圈。曾经遥远的议题不仅变得离我很近,而且成为我真实的关切,从那以后,我再难忘却四海一家的共情之感和自己作为世界公民的参与感。

2. 获得机会

我与世界自然基金会的缘分源于2018年9月份的一封求职信。当时正值大四的实习和求职季,我经过信息收集、筛选比较,投出了为数不多的几份充分准备的简历,而世界自然基金会北京办公室的志愿者岗位则是我尤为看重的一个机会。"环保"和"非政府组织"这两个词本身就有极大的亲和力,世界自然基金会是环保领域影响力领先的国际组织,而"非政府组织"则让我想起了在希腊留学时开展的难民营考察,以及在那些肤色不同、语言不同的援助者身上看到的人性光芒。我将曾经与非政府组织打交道的经历和对于环保的理解都写进了求职信中,在几天后收到了预约面试的邮件。在轻松的氛围中,我与未来志愿者工作的直属上司进行交谈,大体了解了自己将进入的项目组及其负责的工作。

对方穿着印有熊猫标志的T恤,整个办公环境布满绿植,这一切缓解了我的紧张感,使我对未来可能开始的世界自然基金会之旅更加期待。幸运的是,面试的结果是积极的,我被通知开始每周三天的志愿者工作。

3. 工作体会

作为行政助手，大到日程总结小到贴发票的事务性工作让我熟悉了一个项目运行的标准化流程。之前没有归档整理文件的经历，实习刚开始我在文件格式、文字规范化的问题上花费了不少时间，然而由此培养起来的工作习惯和统一意识让工作效率很快得到提高。这样的训练让大四末的毕业论文写作也更加得心应手。

除此之外，因为服务于矿业和林业项目部门，我与上司就相关项目进行讨论，并帮助搜集政策资料，从内部视角理解了世界自然基金会的关切点和任务。在调查中国的低碳政策时，我阅读了《中国应对气候变化国家方案》《"十三五"节能减排综合工作方案》《能源发展战略行动计划（2014—2020年）》等文件，从中提取关键信息。大量的文字阅读让我更好地感受到"政策"二字的复杂性和丰富性，看似冗长的文字描述其实有着严密的内在逻辑，将政策性的文件和相应法律法规对比研究更让我发现了其中的对应性。

在整理三江源国家公园的资料时，我第一次知晓盘羊、藏鹀这些生物，不由得担忧这些国际濒危物种能否存留至下一代人的世界。在调查钻石开采行业时，这样一个名词"Cursed Community"引起了

我的注意，它描述了矿产丰富地区在达到开采饱和状态后，失去支柱产业、环境恶化的发展困境。这个词也侧面道出了现代企业发展过程中越来越被重视的方面——企业社会责任，这份责任不仅仅在于环保，而最终指向对于人类过有尊严的生活的保护。

  在世界自然基金会实习不只是在办公室和文字、表格打交道，还要面对公众实地推广环保理念。我参与了"今日头条"举办的教育性质的年度"生机大会"，负责世界自然基金会展位的组织工作，向公众推广环保理念。我无数次地将世界自然基金会的组织活动及其环保价值观介绍给观众，笃定地为一个组织"代言"，内心充满归属感和责任感。我曾想象未来工作会落于何处，这次的经历给我的答案是：要任职于一个能让自己感受到价值观认同的机构。参加活动的有许多儿童，和他们的沟通锻炼了我的耐心，小孩子的简单逻辑和奇葩脑洞让我也暂时回到童年的状态。环保和教育有着千丝万缕的联系，和小朋友们的交流也让我感受到这样一群祖国花朵在我们的社会中多么重要，耐心培育他们、给予他们良好的环保教育和公民教育又是多么的必要。

  我也有幸了解到中国环保事业的组织模式和参与方。比如，媒体公关部的同事与许多艺人团队保持联系，公众便会看到这些微博人气博主们图片或视频形式的环保宣言。发挥公众人物的影响力是进行公益事业的重要途径，这不由得让我对当今"流量社会"的操作模式有了更深入的了解。我们必须要让重要的议题有发声的机会，不被网络洪流淹没，在个人层面，这也意味着要发出自己的声音，理性参与到社会问题的讨论中。当然，也要努力让自己的声音成为理性、有力而可信的声音，才能被听见。另外，为得到精准而科学的信息以顺利开展环保项目，世界自然基金会也和科研及咨询机构合作。在阅读这些机构的报告时，我得以对采矿、林业领域有了一些初步了解，扩大了自己的知识面。

4. 对环保和非政府组织的思考

当今，很多人质疑在经济飞速发展的时代开展环保事业的可行性，也有人担忧非政府公益组织可能丧失本心，沦为逐利的工具。我认为这样的讨论是有必要的，因为世界不能逃脱经济的力量前进。经济部门是和环境博弈的主力军，它们大量运用自然资源，也实在地给予环境反作用力。

世界自然基金会的运营依靠政府和私人捐款，其目标又是用更好的环保政策来提高公众（可以说主要指向这些创造大量财富的捐款人）的环保知识和意识。这样的关系总有矛盾之处，因为环保的重要行为就是"限制"——限制对珍贵自然资源的开采、限制对珍稀物种保护区域的破坏，这意味着让企业的经济大手轻拿轻放，甚至不拿不放。这对于环保事业的启示是：应该协调各利益相关方的利益，不能忽略任何一方。非政府公益环保组织既要向政府、企业分别提供政策建议，也要当好两者之间的调停人。伴随着中国"走出去"步伐的加快，这里的政府不限于国内政府，还包括走出去的中国企业面对的东道国们。

由此可见，环保一定是一项国际合作的事业，最终还是要回到如何让世界连接起来这一问题。虽然这个议题大而宽，但是作为年轻人，我可以用实际行动给出无数种回答：作为外语人，更好更精地掌握语言就是提供全世界沟通的钥匙；硕士阶段出国留学的机会应该被充分利用，努力在学术层面与国外观点交流；去了解更多的异质文化，提高跨文化交际能力和文化共情力；等等。世界发展和个人发展的挑战总是相伴而行，但是在实践层面要从个人可以决定的事情入手，避免淹没在理想的乌托邦中。

如果说 2015 年 9 月的那张新闻照片代表着我"国际意识"的萌芽，2016 年春天的难民营一行标志着我第一次接近国际组织、参与地区议题，那么此次的世界自然基金会实习则结合了职场和国际组织探索两个元素。情怀和价值观都落在了具体的工作上,脚踏实地做出自己的贡献,于琐碎的工作中寻找意义,见自我也见天地。

5. 篇外杂记

除了作为职场人的理性收获,这份实习也给我留下了很多温馨的回忆。午间休息时,与悉心指导自己的前辈漫步于北京的街巷,听到不少精彩的人生故事,也畅所欲言提出疑惑并得到真诚的解答;百万庄大街上热闹的老字号回民小吃店,安慰了不少个冬日早晨的寒冷;离职时办公室前辈们的祝愿更是让这一段经历充满了人情味道。前路还长,期待着下次再探国际组织,期待着更充实更美好的旅程!

作者简介
About the Author

王梦娜,北京外国语大学国际组织学院国际法方向 2019 级硕士研究生,曾在世界自然基金会北京办公室的矿业和林业项目部门实习。本科期间曾在希腊进行难民问题的社会调研,硕士阶段关注行政法相关研究,将赴美国宾夕法尼亚州立大学法学院攻读法律硕士学位。

实习面试记
——走进联合国训练研究所

赵栩

我是来自北京外国语大学国际组织学院2018级国际政治专业的一名学生。2020年1月，我有幸拿到了联合国训练研究所人力资源部的实习机会。收到邮件的那一刻我紧张极了，生怕看到对方冰冷但礼貌的拒绝，不停地在心里告诉自己：降低期望——降低期望——降低期望。但当我的眼睛扫到"We are happy to inform you that you have been selected for the position"一行字时，顿时长出了一口气，高兴得跳了起来。回顾一路走来的申请历程，想必还是有可借鉴之处，故写下此文供学弟学妹参考。

2019年11月，我在班级微信群里留意到联合国训练研究所人力资源部的实习招聘信息，立刻填写了个人履历表和动机信，提交了申请；12月14日收到安排面试的入围邮件；19日参加了约半个小时的面试；最终在2020年的1月6日收到正式录用邮件。

1. 面试准备

相信在求学与求职中一路过关斩将的同学们对面试都不陌生,也深知面试的重要性。我性格还算外向,但每次面试也不免紧张焦虑,正如我害怕所有公开展示自己的场合一样。英语口译技能、演讲能力、辩论比赛经历……我从来不知道该怎么"兜售自己的卖点"。我犹豫、胆怯、自我怀疑,考砸了从小到大每一次重要的考试。就像娜塔莉·波特曼在哈佛大学演讲时说的,她进入哈佛校园的第一天,看到周围的各种精英和高材生,不禁陷入深深的自我怀疑:我一个女演员在这里做什么?我真的属于这里吗?我是不是个冒牌货?想到这里,我不禁了然一笑,原来这么优秀的人也会觉得自己不够格。

对我来说,减轻焦虑最好的办法就是找点事做。我不习惯打无准备之仗,更何况是如此重要的国际组织实习面试。首先,我在网络上搜索关键词为"联合国—面试—经验"的相关信息,但很遗憾,信息并不多,或者说都不够具体。于是我又仔细浏览了一遍联合国训练研究所的官网,阅读他们自己写的"目标"和"概况",看与我的理解是否一致。然后,我将我申请的实习岗位的描述和自己的简历放在一起,思考我身上有哪些地方匹配这份工作,哪些地方又有所不足。最后,我准备了几个常用的面试问题:

1. 请介绍一下你自己。
2. 你为什么想在这里工作?
3. 你的优势是什么?
4. 你的劣势是什么?
5. 五年内你的职业愿景是怎样的?
6. 一名优秀的团队成员应该拥有什么样的素质?
7. 你有在压力之下工作的经验吗?

首先,自我介绍一定要挖掘出自己的特别之处,也就是说,你的哪些特点可以让你脱颖而出？我最先想到的当然是我本科学习小语种的背景，僧伽罗语是印度洋岛国斯里兰卡的官方语言，而联合国训练研究所的主要工作之一就是帮助发展中国家，特别是"最不发达国家"和小岛屿国家。因此我讲述了我在中国这个全世界最大的发展中国家长大的感受以及在斯里兰卡留学的经历，这些都加强了我对训练研究所使命的认同感，全世界的发展中国家在气候变化、废物利用、绿色经济等方面仍需要联合国训练研究所这样的国际组织提供能力和技术支持。

至于为什么想在训练研究所工作，我觉得实话实说就可以了。首先，我的梦想就是进入国际组织工作；其次，这份实习工作位于瑞士日内瓦，作为一个学习了两年法语并且深爱这门优美语言的人，能有一个在法语国家工作和学习的机会将是无比珍贵的；最后，我透露了自己第一次听说联合国训练研究所的契机：2018年12月，我有幸作为中国青年代表团的一员前往波兰参加第24届联合国气候变化大会，同行的小伙伴中有一位学习地球物理专业的男生，恰好在联合国训练研究所实习过。他向我分享了他的实习经历，并对这段经历怀念不已。我一直喜欢教育工作，自然也对以教育为己任的训练研究所心生向往。听了他的故事，更加坚定了我想去训练研究所工作的决心。

说清楚自己的优势和劣势也是十分重要的。我仔细思考了很久，我身上的哪一特点是我最大的优势，同时也是胜任这份工作必要的能力。最后我选择了"奉献"，因为这一点在语言学习中体现得淋漓尽致：你付出多少就会收获多少。这也是为什么北外要求小语种专业的本科生在四年内必须上够1850个小时的专业课。讲劣势则比较需要策略，因为你不能说自己没有劣势，那不现实；也不能说"我的缺点就是太认真了"这种变相自夸的话。说些无关痛痒的似乎又没什么诚意，所以我的策略是"指出房间里的大象"——就我而言，很明显，我没有在人力资源岗位工作的经验。不回避问题，而是直接面对。明

确说明自己的不足，但它又不是不可弥补和克服的。因为我有在德国能源转型机构、强生集团、路透社等多家国际知名企业和机构实习的经历，这些实习工作涉及的专业领域各不相同，无一不是从零做起。所以我相信，以我虚心学习、踏实做事的态度，一定可以尽快适应人力资源岗位的要求。这样既指出了问题，也提出了解决问题的方法，好过被动地等待对方将问题抛给你。

五年内的职业愿景是怎样的？这个问题也不可小觑。而且，这个问题就在正式面试中被问到了，所以我很庆幸做了准备。这个问题，说白了就是看你有没有职业规划。为表诚意，我把短期和长期计划都说了一下。幸运的是我是一个挺爱做计划的人（虽然大部分计划最后都没有实现……），这部分对我来说也不是很难。先说长期计划吧，目标远大一点也没有关系，毕竟是人生理想嘛。我的答案是，十年以后我希望能成为联合国训练研究所、联合国妇女署或国际劳工组织等国际组织的正式员工，并且提出，希望能被派驻到一些最需要帮助的亚非拉国家。五年计划就要小心一点了，因为说心里话，我也不确定人力资源岗位到底适不适合我。所以我回答道："如果我有幸得到这个职位，那么五年内，我希望我还是在联合国训练研究所系统内工作，并且能把这个岗位学到的东西派上用场。"

问题6和问题7最后都没有问到，但还是写一写我是怎么准备的吧。"一名优秀的团队成员应该拥有什么样的素质？"你可以说合作、开朗、靠谱、工作能力强……但我个人认为最重要的素质是尊重他人。特别是在国际化的工作环境中，这一点尤为重要，因为几乎每个员工都来自不同的国家，文化背景也各不相同，只有互相尊重才能互相理解。"你有在压力之下工作的经验吗？"我可太喜欢这个问题了。为什么呢？因为我喜欢挑战。一直以来，压力都和我维持着一种友好的共生关系，虽然我爱紧张、爱焦虑，但是没有压力就没有出色的表现。我以在路透社即时新闻组的实习为例，说明我的抗压能力和快速反应能力。那是我刚结束的一次实习，也是我最喜欢的一份实习工作，不仅是因为带我的记者同事们都非常友善，而且我也实打实地从中学到了很多。新闻时效性使然，所有的稿件都必须在短时间内完成写作。但就是这种肾上腺素飙升的快感，让我乐在其中。

2. 面试流程

正式面试那天是日内瓦时间上午 11:30，北京时间下午 6:30。我换好衣服，化了淡妆就坐在电脑前等候。这里我犯了一个错误，那就是没有选择一个合适的面试连线地点，这一点希望大家引以为戒。北京的冬天很冷，我一个人也预约不到学校图书馆的研读间，所以为了保暖和安静起见我最后只好选择在宿舍连线。尽管我已经尽可能将宿舍收拾干净，但视频连线一接通，对方就直截了当地问我：你是在学校宿舍吗？当时我心里就咯噔一下，连忙解释：是的，因为我还在上学。现在回想起来，如果当时选择一个更加正式的地点，应该能留下更好的第一印象。

值得庆幸的是我准备的问题几乎都命中了，这让我稍微安心了一点。视频连线接通之后，我首先对他们给予的面试机会表示感谢，并表示我很高兴终于能跟他们面对面交流我对这份工作的渴望了。面试官是三位女士，其中一位是中国籍的员工。她们也向我解释，她们这个办公室虽然隶属联合国系统，但其实规模很小。然后我便开始进行自我介绍：我是北京外国语大学国际组织学院国际政治专业的一名在读研究生，我会讲中、英、法、僧伽罗四门语言，我的学习能力较强且擅长在国际化的环境中工作……我知道她们手头有我的简历，所以没有重复简历已有的内容，而是重点突出我的个人特质。我觉得这是一个热身环节，慢慢让你进入状态，所以也不用太紧张。面试全程是讲英语的，或许是我没有提供其他语言能力证明的缘故，她们也并没有要求我说法语。我的另一位学姐在简历上提到持有法语成绩单，就

被要求用法语进行交流。

　　接下来果不其然就被问到了对联合国训练研究所的认识,刚刚看过官网资料的我还记忆犹新,很顺畅地就背出了它的目标和愿景。结果,那位人力资源部的主管重申了一遍问题,说道:你说得都很好,但是我们想听你用自己的话谈一谈。我一下子有点懵,不知道该怎么回答。但又很快镇定下来,结合认真研读的岗位描述和我对人力资源岗位的理解聊了聊我的看法。我承认这个问题是我回答得最不如意的,但我也从中吸取了一个教训,那就是一定要对目标岗位有更加充分的认识。

她们的第三个问题是有关我在人力资源方面的经验的。因为我已经坦然告知对方我没有这方面的经历，所以她们问了我一些与我的简历相关的问题。她们对我在强生集团的实习很感兴趣，问我在市场准入与政府事务部主要负责什么工作，于是我就聊了聊我和慈善基金会对接的经历。她们觉得我在实习期间负责的数据处理工作挺有意思，还问我当时用的什么软件。

　　最后，快结束时，面试官问我有没有问题想问她。我犹豫了一下说，我想知道以往成功通过面试的实习生都有什么共同特点。那位人力资源部的主管摘下眼镜，直直地盯着我的眼睛说："你这个问题要我怎么回答呢？因为我们的每一位实习生都是独立的个体，他们都有各自不同的闪光之处。我们选拔的标准不是一两个可以量化的机械标准，而是看他们是否有和这个职位的契合之处。奥莉维亚，你这么年轻，未来的人生还很长，你也不必这么早就决定你想做什么。我看见你就像看见我的女儿，如果我们真的给了你这份实习，你来工作了，觉得很开心，那么欢迎你以后正式加入我们；如果你做了一段时间，发现这份工作并不适合你，那也没有关系，你还可以尝试其他的。"我当时非常感动，脱口而出："谢谢！"并告诉她我最喜欢的小说《哈利·波特》里的一句话：我们每个人都有光明的一面和黑暗的一面，关键在于我们选择哪一面采取行动（We've all got both light and dark inside of us, what matters is the part we choose to act on.）。就这样，我们在轻松愉快的氛围中结束了面试。

3. 录取之后

录取之后，我便开始着手准备申请国家留学基金委员会对国际组织实习的专项资助。鉴于瑞士的消费水平实在太高，我的实习期又比较长（一年），对于我这样工薪家庭的孩子来说，留学基金委的资助无异于雪中送炭。在这个过程中我也遇到了很多困难，幸运的是我一路都有贵人相助，最终都顺利解决。现在，我把我踩过的坑都写下来，希望后来的学弟学妹能有所借鉴。

我遇到的第一个困难是难以确定最早的入职时间。留学基金委网上申报系统的附加材料中要求上传正式合同的扫描件，我和联合国训练研究所联系后，他们要我确定最早入职时间才能给我正式合同，而我能预估的最早入职时间取决于留学基金委何时批准我的申请。也就是说，我陷入了一种类似"只有疯子才能获准免于飞行，但必须由本人提出申请"的"第22条军规"困境。幸好，这时候北外国际组织学院的李院长建议我联系上一级的一位学长，学长热心地给我提供了许多建议，并帮我参考了一些关键的时间节点。同时，我自己也在网络上搜索留学基金委以往的审理时间，最终通过一位网友得知国际组织实习类资助的审理通过时间大约是三周。但由于我申请的时候临近春节，后来又爆发了新型冠状病毒肺炎疫情，实习资助的审理时间被大大延长，所以还是越早提交申请表越好。

在留学基金委的网上申报系统中填写申请表并不难,只是"学习计划"需要多花点心思。这里建议大家仔细阅读留学基金委有关国际组织实习资助申请填报的文件,绝大部分疑惑都可以在里面找到答案。线上提交申请后会自动生成一份申请表,需要打印出来找学校有关单位填写单位推荐意见并盖章,然后交由学校就业创业中心统一报送。学长提醒我,只有在单位报送之后,留学基金委才开始审理,因此申请期间一定要和留学基金委、学校就业创业中心保持密切联系。

如果打算申请留学基金委的资助,就必须等拿到资助证明后再申请签证。等待的这段时间里我犹如热锅上的蚂蚁,一会儿担心无法拿到签证,一会儿担心资助申请失败。当世界卫生组织将新型冠状病毒肺炎疫情宣布为"国际关注的突发公共卫生事件"后,我急忙与我未来的上司取得联系,告知我的留学基金委资助申请情况和整个中国的限制措施,他们也表示理解。

现在,我怀着忐忑的心情写下这篇文章,分享我个人一点小小的体会。虽然由于 2020 年初爆发的疫情,不知道是否还能成功派出,但能够得到这份实习对我来说已经是莫大的鼓励。我非常喜欢"香港四大才子"之一蔡澜先生的一句话,在这里一并分享给大家:"一件事,做,机会五十五十;不做,零。"希望看到这篇文章的你们都有一个光明的未来!

作者简介

About the Author

赵栩,北京外国语大学国际组织学院国际关系与国际政治方向 2018 级硕士研究生,本科就读于北京外国语大学亚非学院僧伽罗语系,将任联合国训练研究所人力资源部实习生。联合国训练研究所为联合国大会直属的最高级别事务执行机构,主要担任联合国系统中的训练和研究两项职能。

走向一个智能和绿色的世界

郭爽

杭州、南京、上海、镇江、苏州、北京、茨维考、莱比锡、法兰克福……上大学以来,我经常穿梭于不同的城市之间,和那些拖着行李箱的旅客一样,轻车熟路地完成安检——进站——候车——出站等一系列流程。几乎每一个假期我都在别的城市度过,偶尔乘坐高铁回到家乡杭州,偷得浮生半日闲,然后再匆匆出发去往其他地方。这样的忙碌和辛苦换来的是简历上一段段宝贵的经历,这些经历又变成了激励我在人生道路上不断前进的资本。

我一直坚持学以致用的观点,在实践中积累经验并培养新的技能。大二阶段,我便开始了人生的第一份实习,在吉利汽车集团子公司吉致汽车金融有限公司市场部做实习生,负责客户信息维护和日常的数据分析。在这里,我接触到了汽车金融业务以及客户关系维护、销售数据分析等新鲜领域。除了日常的工作外,我还参加了当时由特许公认会计师公会上海代表处和普华永道会计师事务所联合举办的介绍会。虽然只是一个普通的介绍会,出席的嘉宾却都是有着丰富工作经

验的经理和合伙人,身为职场"小白"的我就安安静静地坐在那里,听着前辈们讲述他们的经验。其中,普华永道的一位蔡姓合伙人说了一句令我印象深刻的话:"选择并不可怕,重要的是我们用自己的行动做出成绩,不留下遗憾。"(There is never a right choice. It is what you do makes your choice right.)作为前辈,她鼓励我为自己热爱的事业而努力,而不是迫于生活的压力做出妥协。那简单的一句话竟然成为了我之后的座右铭,在很多选择的关头,从我的脑海中自动浮现出来。

　　同年暑假,我在世界500强车企德尔福亚太总部的财务中心完成了轮岗实习,在资金、税务、内审三个岗位上,我有幸接触到实际的跨国财务工作,并在此基础上锻炼了外语能力。每天,我都能听到周围的同事用流利的英语打着跨洋电话,或者浏览着电脑中的英文文件、写着英文报告。我深刻地意识到,一个外语专业的学生,如果不能掌握其他技能,是难以在当前激烈的竞争中为自己争取一片天地的。

　　结束实习后不久,我赴德国开始了交流项目。在那里,我主动选修市场经济体系和财务报告课程,并定期与商学院的教授讨论问题。在德国的生活是充实而有意义的,我不断地吸收新的知识,获得新的灵感。在参访德国大众汽车工厂时,我第一次见证了德国"工业4.0"战略的成果。干净整洁的车间、高速运行的机器设备、寥寥的工作人员,新型车在短短一个小时内被制造出来,高效且精确。在日常生活中,我看到电子支付入驻德国超市、顾客们定期送回玻璃瓶子以便回收再利用……德国社会一如既往地遵循着传统的规则和价值观,同时也逐渐接受数字化带来的机遇和挑战。这些"变"与"不变"也在无形中影响着我的价值观。

　　回到中国后不久,我参加了2050青年科技大会、智能制造大会等活动,聆听并学习科技的浪潮是如何重塑现代商业和社会的。我看到了数字孪生、区块链、量子计算等技术在工业、金融领域的运用;我惊讶于跨文化沟通、文化差异在全球化和科技化的浪潮中对人的行为方式和沟通方式产生的重大影响;我为年轻的科学家、创业者爆发的创意和灵感而感到欣喜。因而,我也想成为这个浪潮中小小的一员,为更加智能和绿色的未来而努力。这样一份热情使我放弃了毕业后立刻投身工作的计划,选择进入北京外国语大学国际组织学院研读国际经济与金融专业。在那一刻,我的脑海里响起了普华永道合伙人的那句话——选择并不可怕,重要的是我们用自己的行动做出成绩,不留下遗憾。

进入北外国际组织学院后，我得以在更加广阔的平台上精进自身，并学习更多关于经济全球化、环保经济学等方面的知识。另一方面，我一直在关注中德交往话题，就中德媒体报道、中德经济外交、中国企业在德并购等进行相关研究，分析当今复杂国际环境下中德、中欧之间微妙的关系。2020年1月，我加入了德国国际合作机构，成为了"工业4.0"项目组中的一员。2019年12月，我在求职平台上看到了德国国际合作机构的招聘通知，得知该项目致力于促进中德两国在数字化和可持续发展上的合作，并能带给实习生多样化的挑战

和良好的工作体验，便连夜按照职位要求调整了我的简历，写好了求职信。在写求职信的时候，我的实习、留学、参会经历跃然纸上，仿佛是在书写自己这几年的心路历程一样，阐释着我如何在迷惘中摸索自己的兴趣方向，顿时有种拨云见日的感觉。在收到我的申请之后，项目组的同事很快联系了我并安排了面试。面试大约持续了 30 分钟，项目经理和协调员对我进行了中、英、德三语面试，经理就我的个人经历、中德关系、德国国际合作机构和"工业 4.0"战略等话题进行了提问。之前我对这些内容都有所涉猎，并机缘巧合地在 2018 年智能制造大会上听过德国国际合作机构职员关于中德"工业 4.0"合作项目的报告，所以很顺利地通过了面试并获得了录取通知函。

在开始实习之前，我的上司兼指导人对我进行了入职培训。通过他耐心而详细的介绍，我得知德国国际合作机构致力于推动可持续发展和国际教育事业发展，从而塑造更宜居的未来世界。它在经济发展、就业促进、能源环境、和平安全等众多领域已积累了超过 50 年的经验，在全球 100 多个国家开展各类援助项目，其专业能力受到高度认可。在数字化的浪潮下，中德两国先后布局智能制造产业，中国提出了《中国制造 2025 规划》，德国也制定了相应的"工业 4.0"战略，两国在智能制造领域有着共同利益，互补性强。2014 年，中德两国共同发表《中德合作行动纲要：共塑创新》，认为工业生产的数字化对于未来中德经济发展具有重大意义。双方认为，该进程应由企业自行推进，两国政府应为企业参与该进程提供政策支持。随后，中国工业和信息化部、科学技术部以及德国联邦经济和能源部、联邦教研部建立了"工业 4.0"对话机制，并相继签署谅解备忘录和框架合作协议，共同促进两国在智能制造领域的合作实践。在这样的背景下，德国国际合作机构启动了中德"工业 4.0"项目，帮助"中国制造 2025"成功对接德国"工业 4.0"。

在"工业 4.0"项目下有若干个子项目，我的工作职能涉及数字化人才培训、项目评估分析等。我们团队由中、德两国员工构成,二者比例均衡,采用扁平化管理结构,人员调动灵活,实习生可以根据团队需要参与其他项目。我的指导人有着丰富的项目管理经验,曾在世界 500 强车企、世界银行任职。他给我的第一条意见是:在项目执行过程中扮演一名协调员的角色,一要坚持自身的定位,二要做好利益相关者管理。他与我分析接触到的各个利益相关者所关注的重点、所涉及的利益,并以此决定我们与其交流沟通时的立场。这些对我之后执行工作有着很大的帮助。

在工作过程中,我同时参与三个项目的运营,涉及查阅资料、翻译、撰写报告,做会议记录等,每天的工作并不是一成不变的,而是根据项目管理的需要有所不同。此外,迅速了解各个利益相关者的背景以及合作关系也是一项颇为艰巨的任务,从我入职的第一天起,我便保持着写工作日记的习惯,其中一项就是记录大家日常使用的各个简称及其意义。不同于我之前在商业公司的实习,这份实习将我带到了政府、企业、国际组织合作的层面,帮助我拓宽了思维,并让我对于各个政企机构和相关的国内外最新政策有了深入的了解。在这里,实习生和正式员工几乎有着同等的地位,我们可以在讨论中自由地发表意见,并参与一些重要的会议。同事们也乐于给实习生提供学习和成长的机会,在短短一个月内,我参与了多项小组会议、德国总部的连线会议以及专家会议。虽然有时候我只是一个旁听者,但参会能够帮助我梳理好利益相关者关系,并获取更多关于项目的资料。此外,这里还会定期举行实习生交流学习活动、线上研讨和网络培训,帮助我们培养技能并了解行业前沿动向。

随着新型冠状病毒肺炎疫情的大面积爆发,德国国际合作机构实时监测疫情走向并及时做出了居家办公的部署,这成为了我一段独特的实习经历。一如德国人的严谨作风,机构设计了严格的数据保护和准入机制,所有的团队必须在官网申请"微软团队"的房间账号,以便利用微软团队软件进行团队合作。我和另外一名同事临时受命,负责微软团队的运营。这对我来说是一段新鲜而有趣的经历。在帮助同事们设置好内部讨论房间并邀请外部专家进组讨论后,我摸索出该软件的"使用大全",向同事们分享使用心得,并为他们提供技术指导,这是一件让我颇为骄傲的事情。环境有时候可以决定一个人的能力,在一定的压力下,我们能够充分发挥潜能,挑战自己不擅长的领域。

在家办公的日子里,工作节奏不紧不慢、井然有序。我们顺利举办了 2020 年第一届线上专家会议,联络专家编写 2019 年人才培养白皮书。借助机构的资源平台,我得以阅读关于智能制造行业人才培训、商业模型、政策动态等方面的资料,和来自全世界的小伙伴一起聆听特邀专家举办的关于科技创新和可持续发展的讲座……我们也准

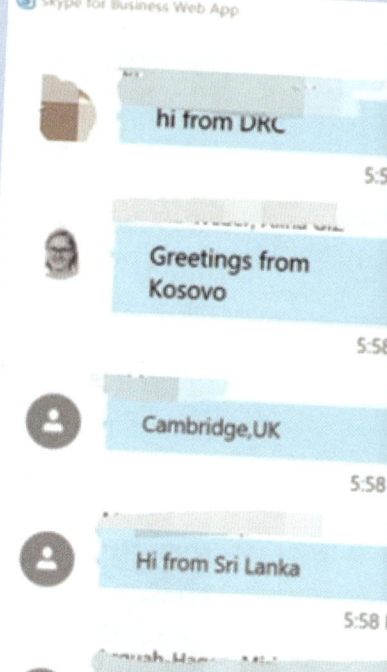

备着、期待着,在疫情结束之后补办几项重大的活动!

我用"多元""严谨""温暖"这三个词语形容德国国际合作机构,它针对多个国家和多个地区的问题,集结了来自不同国家和文化的优秀人才。在这里,我们摒弃了意识形态和文化的差异,相互理解,并肩作战,为"智能和绿色"的愿景贡献自己的智慧和劳动;在这里,我坚定了自己的梦想,希望在未来可以再次加入这样的国际组织,用自己的所长为创建人类命运共同体贡献力量!

作者简介 —— About the Author

郭爽,北京外国语大学国际组织学院国际经济与金融方向 2018 级硕士研究生,将赴巴黎政治学院攻读国际管理和可持续性硕士学位。2020 年 1 月担任德国国际合作机构中德"工业 4.0"项目组实习生,参与新型人才培训、政策分析、项目效益评估等板块工作。中德"工业 4.0"项目主要负责中德两国"工业 4.0"合作备忘录的推进,促进两国在"工业 4.0"智能制造领域的合作。